Reinhold Stecher

Fröhlich und ernst
unter der Mitra

Reinhold Stecher

Fröhlich und ernst unter der Mitra

Mit 17 Illustrationen des Autors

Tyrolia-Verlag · Innsbruck-Wien

Mitglied der Verlagsgruppe „engagement"

Die Deutsche Bibliothek – CIP-Einheitsaufnahme

Stecher, Reinhold:
Fröhlich und ernst unter der Mitra / Reinhold Stecher.
Mit 17 Ill. des Autors. – 2. Aufl., 31.–60. Tsd. –
Innsbruck ; Wien : Tyrolia-Verl., 1997
ISBN 3-7022-2047-X

1997
2. Auflage, 31.–60. Tausend
© Verlagsanstalt Tyrolia, Innsbruck
Druck: Athesia-Tyrolia Druck, Innsbruck
Buchbinder: MM-Buch Innsbruck
ISBN 3-7022-2047-X

Widmung

Da die Speisekarte der religiösen Literatur sehr viel inhaltsreiche Menüs anbietet, wage ich es mit leichterer Kost. Aber ich habe diese Erinnerungen mit großer Dankbarkeit gegenüber dem niedergeschrieben, der die Licht-und-Schatten-Spiele seiner Gnade über unseren Lebensweg schickt. Und aus Dankbarkeit widme ich dieses Büchlein den vielen, vielen Menschen, die mir in der Diözese Innsbruck das Amt als Bischof so sehr erleichtert haben.

Eine Spukgeschichte

Es gibt oft kleine Erlebnisse, die für den, der davon betroffen ist, eine geradezu zeichenhafte, symbolträchtige Bedeutung haben. Spukgeschichten graben sich besonders tief in die Erinnerung ein. Und außerdem sind sie modern. Fast jeden Abend huschen unheimliche Begebenheiten, rätselhafte Fälle, Begegnungen der dritten Art mit Außerirdischen und Horrortrips über die Bildschirme. In dieser Spukgeschichte ist allerdings nicht viel zum Gruseln. Sie reicht in meine eigene Kindheit zurück.

Auf der Seite nebenan sehen Sie die Skizze einer Kirchenfassade. Sie ist zwar schlicht, gehört aber doch zu einer berühmten Kirche. Es handelt sich um die Hofkirche in Innsbruck, die das Grabmal Kaiser Maximilians birgt (worin er allerdings nicht begraben liegt). Weil dieses von den imponierenden Erzstandbildern seiner wirklichen und eingebildeten Vorfahren umgeben ist, nennen die Tiroler diese Kirche „Schwarzmanderkirche". Da in ihr auch noch die Gebeine Andreas Hofers und seiner Mitstreiter ruhen, sind alle Voraussetzungen für ein nationales Heiligtum gegeben – und so gehört die Hofkirche in Innsbruck zum Pflichtprogramm jedes Innsbruck-Besuchers.

Die drei Gestalten vor der Kirche stellen mich und meine zwei Brüder dar. Wir haben uns dieser Kirche nicht als Touristen genähert, sondern Tag für Tag auf unserem Schulweg. Immer wieder sind wir am Morgen durch die lange Allee des Rennwegs auf sie zugegangen und haben dabei eine grundlegende kunsthistorische Entdeckung gemacht, die meines Wissens bis heute allen Wissenschaftlern und Kirchenbaufachleuten entgangen ist. Diese Leute wissen einfach zuviel und verlieren sich daher sofort ins Detail. Sie schwärmen über das herrliche Renaissanceportal (eines der schönsten nördlich der Alpen), aber sie erfassen eben nicht die Gesamtgestalt der Architektur, so wie Meteorologen nie daran denken, was für wunderbare Tiere und Gestalten die Wolken bilden. Kinder haben für dieses Gestaltsehen einen besseren Blick. Und so haben wir damals festgestellt, daß diese Fassade das Bild einer *schreienden Klosterfrau* bietet. Sie können sich an Hand der Skizze oder in natura selbst überzeugen – es ist alles da: die gestärkte Haube in der Dachform, die Augen, die Nase und der große Mund.

Da wir drei einen schwesterlich geführten Kindergarten hinter uns hatten, war die Assoziation naheliegend. Wir hatten allerdings unsere gute Schwester Roberta selten schreien gesehen. Gerade deshalb erhielt die Nordfront der Hofkirche zu Innsbruck für uns etwas

Aggressiv-Abweisendes, ja Bedrohliches – und doch wieder Komisches.

Ich möchte hier gleich einfügen, daß man sich von Fassaden nicht zu sehr beeindrucken lassen soll – weder bei der Kirche als Bauwerk noch bei der Kirche als Institution. Ich könnte mir ja denken, daß für manche enttäuschte Christen die Fassade der Kirche heute oft wenig Anziehendes hat. Vielleicht sehen sie auch einen zu starren Blick und einen zu oft scheltenden Mund und ein bißchen zuviel moralische Entrüstung. Aber man soll sich von derartigen Eindrücken nicht abhalten lassen, in die Kirche einzutreten. Sie birgt auch heute die unvergänglichen Schätze.

Wir haben uns damals vom befremdlichen Äußeren nicht abhalten lassen, in diese Hofkirche einzutreten. Wir wurden darin sogar für viele Jahre Ministranten. Damit verlassen wir den Blick auf die Fassade. Ich muß nur ersuchen, die Nase der ehrwürdigen Klosterfrau in Erinnerung zu behalten. Sie spielt im weiteren Verlauf der Geschichte eine bedeutende Rolle.

Der Ministrantendienst bei den Franziskanern war ein ausgesprochen idealistisches Unternehmen. Wir haben freiwillig jeden Wochentag um 6 Uhr morgens und sonntags um 7 Uhr ministriert. Wir erhielten – abgesehen von der herzlichen Atmosphäre der Franziskaner – als Lohn dafür das Frühstück, bestehend aus

Brot und Kaffee. Der letztere hatte es in sich. Auch als wir später in ein kritischeres Alter kamen, ist es uns nie gelungen, die Bestandteile dieses Kaffees zu erraten. Wir schwankten zwischen ausgekochten Kutten und Maikäferflügeln, aber wir haben ihn tapfer geschlürft und freuten uns auf die Festtage, an denen der Koch mittels einer uns unbekannten technischen Vorrichtung einige echte Bohnen durch die Brühe schoß. Trotz allem hielten wir aber der Firma des hl. Franziskus in der Hofkirche die Treue, auch wenn wir uns darüber klar waren, daß der zweihundert Meter östlich ausge- schenkte Jesuitenkaffee qualitativ besser war.

Zum Ausgleich für diese schmalen Genüsse bot aber die Hofkirche Romantik und Abwechslung. Alle großen Veranstaltungen des Landes fanden in oder vor ihr statt – und so konnten wir die Größen der Epoche immer aus nächster Nähe bewundern. Ein besonderes Vergnügen war das Glockenläuten, das damals noch von Hand ge- schah. Die ganz große Glocke wurde droben im Glockengestühl des Turms geläutet. Es ging dort leichter als mit den langen Seilen von der Glockenstube aus. Das Läuten hoch über den Dächern und Gassen der Innsbrucker Altstadt war ein unvergeßliches Erlebnis, bei dem man einfach gewisse Überlegenheitsgefühle bekommen mußte. Es geschah dies bei bestimmten fest- lichen Anlässen wie Frühjahrsparaden des Bundesheeres, patriotischen Feiern, Schützen- und Musikfesten und ähnlichem. Dann war der ganze Rennweg dichtgedrängt mit Zuschauern. Auch vor dem Nordportal der Kirche stand die Menge Kopf an Kopf.

Und hier begann nun die Nase der besagten Klosterfrau eine wichtige Rolle zu spielen. Man konnte zu ihr durch eine längere Turnerei über den gewaltigen Dachstuhl gelangen, der aus mächtigen, vierhundert Jahre alten Lärchenstämmen gezimmert ist. Von der Nase, einem runden Loch in der meterdicken Mauer, hatte man einen prächtigen Ausblick über den ganzen Festplatz. Es muß mit dem verständlichen übermütigen Erhabenheitsgefühl und dem Bewußtsein absoluter Unangreifbarkeit zusammengehängt haben, daß einer auf die Idee kam, auf die wogende Masse hemmungslos hinunterzuspucken. Es konnten maximal nur zwei nebeneinander im besagten Nasenloch liegen, die anderen mußten warten. Das war aber auch gut so, weil dieser Sport nicht nur ständiges Kräftesammeln, sondern auch Materialsammlung braucht. Das Gefühl des Spuckendürfens war jedenfalls sehr schön. Man bekam eine Ahnung davon, wie wichtig es ist, über der Masse zu stehen. Man muß ja bedenken, daß wir uns damals den größten Teil unserer Spiele selbst erfinden mußten. Heute sitzen sie vor den blöden Videospielen, bei denen man die Gegner abschießt. Wir haben niemanden vernichtet oder abgeschossen. Wir haben nur ein bißchen gespuckt. Damit war dem unbedingt notwendigen Aggressionsabbau Genüge getan. Dann haben wir uns wieder ins Heiligtum zurückgezogen und wenig später in züchtiger rot-weiß-roter Kleidung am Altar gedient ...

Etwas ist mir von diesen kindlichen Spielen geblieben: eine gewisse Distanz, ja ein Widerwille gegen den großen Massenlärm und das allzu dicke patriotische und kriegerische Pathos. Es kam ja dann eine Zeit, in der das Spucken auf den Rennweg nicht mehr aus kindlichem Übermut, sondern aus ideologischer Abneigung leichtgefallen wäre, wenn sich da die roten Fahnen mit dem Sieg-Heil-Gebrüll verbanden. Aber da hätte kein Spucken mehr geholfen.

Ich muß gestehen: Wenn ich heute über die Rennwegallee nach Süden auf die liebe, alte Hofkirche zugehe und die Nordfassade mit der Klosterfrau-Architektur zwischen den Kastanienbäumen auftaucht, fällt mir die Spuckgeschichte ein (jetzt muß ich sie korrekterweise mit „ck" schreiben). Inzwischen ist ja die Zeit der Kindereien vorbei, und mein Dienst in und an der Kirche hat gegenüber dem Ministrantendienst von damals in meinem Amt als Priester und Bischof an Intensität und Ernst zugenommen. Aber wenn ich ganz ehrlich bin – hie und da, wenn ich zum kreisrunden Loch emporschaue, kommt doch der Wunsch hoch, sich aus aller Würde und Erhabenheit, aller gebotenen Beherrschung und Reife wegzuschleichen und auf das eine oder andere, das sich in unserer Massengesellschaft tut, kräftig hinunterzuspucken und dabei ein ähnlich befreiendes Gefühl zu empfinden wie einst im Mai… Man kann nicht immer gemessen-fromm-aszetisch reagieren. Man geht dann erleichtert in das Große und Heilige zurück, wie wir Ministranten damals an die Altarstufen. Ich bitte um Verständnis – schuld ist das Kindheitserlebnis im Nasenloch der steinernen Fassadenklosterfrau.

Und gleichzeitig bitte ich um Verständnis, daß ich als vielfach Verantwortlicher für Kinder- und Jugenderziehung mit der Veröffentlichung dieser Spuckgeschichte bis zum Pensionsalter gewartet habe…

Der Stecken

Das kleine Dorf feiert die heilige Firmung. Auf der Straße vor dem Pfarrhof formieren sich Musikkapelle, Firmlinge, Patinnen und Paten zum Einzug. Die ersten Erinnerungsfotos werden geschossen, und der Dorfchronist bannt das Ereignis auf Schmalfilm. Von den Häusern wehen die weißroten Fahnen, und am Kirchturm flattert die weißgelbe. Es liegt ein Hauch von Festlichkeit über der Gemeinde. Das Ereignis ist in ein Flair von Gemeinsinn, Familiarität, Herzlichkeit und Traditionsbewußtsein getaucht – und der wunderbare Morgen über den silbrigen Bergketten trägt das Seine dazu bei.

Und trotzdem weiß ich natürlich, daß die Idylle in manchem täuscht. Was wird der Glaube für diese jungen Menschen, die sich da mit weißen Sträußchen am Revers des Anzugs oder an der Tracht aufstellen, in zwei, fünf und zehn Jahren bedeuten? Die eifrigen Firmhelferinnen und Firmhelfer, die sich in kleinen Gruppen um sie gemüht haben, brauchen manchmal ein gerütteltes Maß an Frustrationstoleranz. Wenn man es etwa mit den Maßstäben einer ökonomisch orientierten Gesellschaft ausdrücken wollte, könnte man sagen, daß sich der Produktionsausstoß von glühenden

Christen nach der heiligen Salbung in Grenzen hält. Die Pastoralstrategen der Kirche blättern stirnrunzelnd in den Statistiken, schütteln die Köpfe und schreiben kritikreiche Kommentare, die im einzelnen zu beherzigen und im ganzen wenig motivierend sind.

Hie und da kommt mir der Gedanke, ob wir in der Kirche nicht ein bißchen zuviel Managementdenken haben, so etwa, als ob wir eine Waschmittelfirma mit gewissen Absatzschwierigkeiten wären und nicht Diener des ewigen Heils, das nach seinen eigenen Gesetzen strömt... Ich will mir darum diesen Tag und diese Stunde nicht allzusehr trüben lassen. Ich halte es lieber mit dem Wind, der über Giebel und Turm streift. Ich hoffe, daß bei ihm auch jener Hauch mitweht, von dem man nicht weiß, woher er kommt und wohin er geht und wo und wann er dann doch wieder ein Herz anrührt und die schlaffen Segel einer Seele wieder füllt und eine Nebelbank zerreißt. So schau ich durch das Fenster etwas getröstet auf die festlichen Menschen und die flatternden Fahnen...

Inzwischen hat sich im Pfarrhof die Ministrantenschar aufgestellt, Mädchen und Buben, mit jener feierlichen Dienstbeflissenheit, die dem Anlaß gebührt. Der Bischof kommt nicht jeden Tag. Zwei Knirpse aus der Volksschule haben eine Sonderaufgabe. Mit weißen Schals halten sie Mitra und Stab. Die Schals dienen nicht nur der Würde. Ohne sie wäre meine Bischofsmütze schon längst eine kriminologisch hochinteressante Sammlung aller Ministrantenpratzen von Tirol. So stehen die beiden also da und halten ihre Schätze: die silber-seidene Infel und den Stab mit der Elfenbeinkrümme aus dem 12. Jahrhundert, auf der Tierfiguren und wirre Ranken in einen Schlangenkopf auslaufen, dem der Pfeil des Gotteswortes im Maul steckt. Der erste Besitzer dieses Stabes wird vor 800 Jahren manchmal auch schon sorgenvolle Gedanken gehabt und einen Trost gebraucht haben – wie sein Kollege am Ende des 20. Jahrhunderts.

Draußen beginnen die Glocken zu läuten. Wir müssen aufbrechen. Der Sekretär nimmt dem einen Ministranten die Mitra ab und setzt sie mir auf. Da sagt der andere, der den Stab hält, im gewohnten Dialekt zu mir:

„Brauchst den Stecken aa?"

In dieser Form ist mir das erhabene Zeichen bischöflicher Würde noch nie angeboten worden. Aber das ist eben zeremonielle Konversation *à la tyrolienne…* Ich antworte in der gleichen vertrauten Tonlage:

„Ja, den brauch i aa!"

Der Pfarrer neben mir unterdrückt ein Grinsen, und ich ziehe los mit Mitra und Stab, und der Steckenadjutant trippelt stolz hinter mir her.

Ich brauch den „Stecken" ja wirklich. Ich werde mit meinem Stab zwar keine Wunder vollbringen wie weiland Moses vor dem Pharao. Ich kann ihn leider auch nicht über das wogende Meer unserer Zeit ausstrecken und die Wasser des Schilfmeeres teilen. Und mein Stab wird nie Zweige, Blüten und Blätter sprießen lassen wie Aarons Stab, den man später in der Bundeslade aufbewahrt hat. Aber manchmal, wenn ich ihn in die Hand nehme, fällt mir doch ein Bibelwort ein – aus dem 23. Psalm: „Dein Stecken und Dein Stab, die trösten mich!"

Allerdings, wenn ich die Geschichte dieses Hirtensymbols in der Kirche genauer studiere, dann ist sie nicht ganz so fromm und eindeutig wie unsere heutige Auslegung. Der Krummstab hat eine etwas verdächtige Herkunft aus dem byzantinischen Beamtenwesen. Als Symbol der Macht reicht das Zepter mit der Krümme zurück bis zu den ägyptischen Pharaonen. In der Kirche taucht es als Zeichen des Bischofs erst spät auf. Weder der heilige Nikolaus noch der heilige Augustinus haben einen Bischofsstab verwendet. Der Stab war eigentlich ein Zeichen des Rechts und der Vollmacht. Und als die Bischöfe Territorialherren und Fürsten wurden, haben sich Kaiser und Könige darum gerissen, daß *sie* dem neugeweihten Bischof den Stab verleihen durften. Bis ins Hochmittelalter hinein hat der Bischof den Stab nicht selbst in der Hand gehabt. Er wurde ihm beim Gottesdienst vorangetragen.

Der „Stecken" hat also eine gewisse Zweideutigkeit. Man muß ihn mit Vorsicht in die Hand nehmen. Das Hirtenzeichen hat auch Fehldeutungen erlebt, die alle in Richtung Macht, Würde, Befehlsgewalt, Zepter und Feldherrnstab gegangen sind. Und darum muß man aufpassen, daß diese historischen Belastungen nicht immer wieder auftauchen und der heilige Stab nicht zum nutzlosen Stecken wird.

Ich bin ja nun auf Grund meines Alters gerade dabei, den Bischofsstab abzugeben. Angesichts dieser Stafettenübergabe fühle ich mich gedrängt, Mißdeutungen dieses Stabes auszuräumen und die Chancen dieses Symbols zu vertiefen. Aber derartige moralische Appelle sind meistens sehr langweilig – und je höhergestellt die Adressaten sind, umso heikler wird die Sache sowieso. Ich habe mich daher entschlossen, meine testamentarischen Ratschläge über den sinnvollen und mißbräuchlichen Umgang mit dem Bischofsstab graphisch darzustellen. Vielleicht prägt sich damit die richtige Handhabung des „Steckens" leichter ein ...

Falsch: Hiebwaffe gegen wahre
(oder vermeintliche) Kirchenfeinde

Richtig: Instrument für heimholende Seelsorge

Falsch: Marschallstab Gottes

Richtig: Antenne für den Funkverkehr mit dem Heiligen Geist

Falsch: Sportgerät für Karrieresprünge

Richtig: Stütze für das Zelt Gottes unter den Menschen

Spinat und Brezel

Was ist denn das, ein Opfer?

Es ist ein großer Unterschied, ob diese Frage Theologen des 10. Semesters stellen oder Kinder in der ersten Klasse Volksschule. Im zweiten Fall ist die Antwort wesentlich schwieriger. Unsere raffinierten theologischen Menüs lassen sich nicht leicht als Kindernahrung verabreichen. Wahrscheinlich haben viele Katecheten diese Schwierigkeit ähnlich erlebt wie ich. Wenn ich mit Siebenjährigen rede, nützen mir die religionsgeschichtlichen, biblischen, theologischen und liturgischen Expertisen nicht sehr viel. Und doch verlangen fuchtelnde Hände und fragende Kinderaugen: Heraus mit der Sprache! Was ist ein Opfer?

Also vergesse ich die schöne Rolle mit dem Siegel der Universität, die zu Hause in einem Kasten liegt und mir bescheinigt, daß ich Doktor der Theologie bin, und versuche ganz weit von der hohen Feuerwehrleiter, die man Bildung nennt, hinunterzuklettern und doch bei der Wahrheit zu bleiben:

„Schauts, Kinder", hab ich gesagt, „wenn man einem anderen etwas schenkt, damit er eine Freude hat, auch wenn man das Verschenkte selber ganz gern hat – das ist ein Opfer. Beim Opfer ist immer etwas dabei, was mir ein bißchen weh tut, aber dafür mach ich einem anderen eine Freude. Das Zusammenräumen der Spielsachen ist kein Vergnügen, aber wenn man damit der Mammi eine Arbeit erspart und ihr eine Freude macht, dann ist das doch auch wieder schön. Ihr wißt schon, was ich meine... Beim Opfer ist immer ein bißchen Schmerz dabei, weil man auf etwas verzichtet, aber doch auch wieder Freude, weil das Liebhaben Freude macht. Ihr habt ja sicher schon ‚Opfer' gebracht. Vielleicht fällt euch etwas ein. Aber das sagen wir nicht vor den anderen. Wenn man ein Opfer bringt, redet man nicht darüber. Vielleicht könnt ihr ein Opfer zeichnen und mir das nächste Mal die Zeichnung zeigen und mir vom Opfer erzählen, aber nur mir – und ihr sagt es mir ins Ohr. Es wird mich sicher auch freuen, wenn ich höre, daß ihr anderen eine Freude gemacht habt."

In der nächsten Stunde kommt die Martina mit einem sorgfältig zusammengerollten Blatt zum Pult heraus. „Ich hab ein Opfer", sagt sie und strahlt intensives Mitteilungsbedürfnis aus. Sie legt mir die Zeichnung vor. Es ist eine einzige Orgie in Grün.

„Was ist das?" frage ich leise.

„Das ist ein Opfer!" flüstert die Martina mir zu. Sie macht's spannend. Ich schau etwas ratlos. Im allgemeinen erfasse ich Kinderzeichnungen viel schneller als

manche Produkte moderner Kunst. Aber hier bin ich überfragt.

Sie rückt noch näher an mich heran und flüstert: „Das ist der Spinat! Den mag ich eigentlich nicht, aber die Mammi freut sich doch, wenn ich nicht immer raunze…"

Ich bin ergriffen. Nicht vom Malerischen her. Künstlerisch erinnert die Sache ja ein wenig an Schüttbilder, die in ästhetisch hochstehenden Galerien bei entsprechend gebildetem Publikum Furore machen. Nein, ich bin von so viel gutem Willen bewegt. Ich kann nur hoffen, daß die Mammi die rührende Absicht ihrer Tochter mitbekommen hat. Ich muß es ihr demnächst sagen.

„Darf ich das Bild behalten?"

Martina nickt hocherfreut.

Es warten noch zwei auf ein aszetisches Intimgespräch – Markus und Bernhard. Auch ihnen sieht man an, daß sie das Geheimnis loswerden müssen.

Markus kommt ganz dicht an mich heran: „Wir haben ein Opfer gebracht", haucht er mir verheißungsvoll zu.

Nanu, ein Gemeinschaftsopfer? Ein kollektiver Verzicht? Ich bin gespannt.

„Ich", flüstert der Markus, „hab dem Bernhard meine Brezel geschenkt – und er mir die seinige!"

Vor soviel Selbstlosigkeit und Hingabe kann ich nur noch ergriffen schweigen und das Lachen verbeißen…

Die Frage ist allerdings – um das Klassenzimmer der Siebenjährigen zu verlassen und die Gedanken ins Allgemeingültige weiterzuspinnen –, wie oft sich der gütige Gott das Lachen verbeißen muß, wenn er bei unseren erwachsenen Selbstlosigkeitsbeteuerungen und Opferintentionen geheime Egoismen registriert. „Wenn das und das gut ausgeht, werde ich…", „Die Caritas kriegt einen Tausender, wenn…" – ist das eigentlich nicht auch Brezel um Brezel? „Ich habe jetzt den Kirchenbeitrag ordentlich gezahlt, jetzt erwarte ich auch ein Einlenken der göttlichen Vorsehung in diesem oder jenem Problem…"

Manchmal schlittern wir leichter in die Markus-Bernhardsche Brezelopfertheorie, als wir uns eingestehen. Es wird immer wieder notwendig sein, beim Schenken das Herz zu Gott hin ganz, ganz weit zu machen und alles Ihm zu überlassen und auch dem Menschen gegenüber nicht berechnend zu sein. Das ist das Schwierige beim „Opfer", daß man, ehe man sich's versieht, mitten in der Brezeltheologie ist und diese manchmal sogar mit entsagungsvollen Seufzern und himmelwärts gerichteten Blicken tarnt.

Aber das Kunstwerk der kleinen Martina habe ich lange auf meinem Schreibtisch liegen lassen. Die grüne Patzerei hatte in gewissen Augenblicken eine ganz eigenartig berührende, sowohl beschämende als auch motivierende Wirkung – vor allem dann, wenn die unangenehmen Seiten des Alltags sichtbar wurden.

Wenn sich zum Beispiel wieder einmal ein Berg Briefpost auftürmte, der geradezu entmutigend wirkte und halbe Nächte Arbeit befürchten ließ, dann ging der Blick hinüber zur Kinderzeichnung, und ich wiederholte unwillkürlich: Spinat!

Oder wenn mit ermüdender Regelmäßigkeit von höchsten Kirchenämtern die Aufforderung zu umfangreichen statistischen Erhebungen übersandt wurde, deren Bedeutung für das Heil der Welt höchst zweifelhaft bleibt, dann hat mich die Betrachtung des Gemüsegemäldes doch gezwungen, widerwillig, aber loyal zu murmeln: Spinat!

Oder wenn sich der Terminkalender unbarmherzig zu füllen begann und jede Aussicht auf freie Tage dahinschmolz – über all die Belastungen, die da wegen zu haltender Reden und Predigten, Statements und Konferenzen auftauchten, flüsterte die grüne Kleckserei ein befreiendes „Spinat" herüber.

Ich war immer überzeugt, daß der Spinat gesund ist, aber ich hätte ihm nie eine derart moralische Motivationskraft zugeschrieben. Der grüne Brei schlug Wellen.

Und als dann das Telefon klingelte und eine schrille Stimme mir Vorwürfe machte, warum ich denn nicht endlich die Botschaft der weinenden Madonna von Grottoscura im hintersten Sizilien ernst nähme, die doch von ungeheurer Wichtigkeit für die Bischöfe sei, und die Seherin von Ich-weiß-nicht-wo sage das doch auch, aber es gäbe ja keinen Glauben mehr, und bei den Geistlichen sei es am schlimmsten…, da fiel mein Blick in dem Moment, in dem mich alle priesterliche Milde zu verlassen drohte, auf das grüne Gemälde, und ich legte den Hörer sanfter als geplant auf die Gabel und wollte schon sagen… Aber in diesem Fall änderte ich doch den Akzent und sagte statt „Spinát" „spínnat". Das heißt nämlich in Tirol „verrückt" – und das war passender.

Leidensgeschichte nach Lukas

Damit keine Verwirrung eintritt: Es handelt sich hier nicht um die Leidensgeschichte nach dem Evangelisten Lukas. Der hier gemeinte Lukas war acht Jahre alt, Schüler der 3. Klasse einer Bergschule und hatte mit seinem Namenspatron eines gemeinsam: Er konnte in eindringlicher und anschaulicher Weise erzählen. Er machte das so gut, daß mein Blick anerkennend zur jungen Lehrerin hinüberwanderte, die Religion unterrichtete. Kinder können nur so gut erzählen, wenn ihnen jemand zuerst kindertümlich und eindrucksvoll erzählt hat. Das Erzählen ist – wie so viele pädagogische Urkünste der Menschheit – nämlich trotz aller Bildüberschwemmung bei den Kindern immer noch ein Renner geblieben.

Es war in der Klasse recht still, als der kleine Lukas anfing, die Leidensgeschichte zu erzählen. Durchs eine Fenster fiel ein Strahl Sonne übers Tal herein und warf ein paar Reflexe auf das Kreuz über dem Pult. Durchs andere Fenster sah man auf die drohende, dunkelgraue Südwand des Berges, die mit ihren Rissen und Überhängen über den Höfen aufragte. Und beides paßte in diese Schulstunde, die düstere Felswand und der Sonnenstrahl von der anderen Talseite.

Der kleine Evangelist war mit seiner Erzählung schon auf Golgotha angekommen und berichtete mit echter Entrüstung über die Gemeinheiten, die da mit Jesus getrieben wurden. Man merkte ihm die Empörung an. Und so kam er zu der Sache mit den beiden Räubern, die ja in Wirklichkeit fanatische politische Terroristen waren, wie sie auch heute im Vorderen Orient und anderswo zur Genüge herumlaufen.

„Oaner von de zwoa war a ganz Wilder!" stellte der Lukas fest, „und der hat zum Jesus g'sagt: Wenn du wirklich der Messias bist, dann steig abi vom Kreuz … und dann …", da machte der Lukas eine Pause und fuhr dann mit blitzenden Augen fort – *„dann schlagen wir sie her!!"*

Man merkte sowohl dem Erzähler wie seinen kleinen Zuhörern an, daß ihnen diese Lösung des Karfreitags außerordentlich sympathisch gewesen wäre. Einen Augenblick verweilte er genüßlich bei dieser Version der verdroschenen Hohenpriester und der abgewatschten römischen Legionäre – und verließ sie nur ungern. Es wäre doch zu schön gewesen, die ganze Bagage unter dem Kreuz „herzuschlagen". Aber er fand dann wieder zur frömmeren Linie der Erzählung zurück und beendete das Geschehen von Golgotha durchaus rechtgläubig. Beim „Herschlagen" habe ich allerdings den Blick zur Lehrerin hinüber vermieden, sonst hätten wir beide das

Lachen nicht zurückhalten können. Das mußten wir uns fürs Konferenzzimmer aufsparen – es hätte die ganze Stimmung verdorben.

Es ist mir immer wieder so gegangen, daß ich über Kinderformulierungen viel mehr nachdenken mußte als über hochgescheite Texte. Es kommt wohl daher, weil sie so spontan und ungeschminkt herauskommen und das aussprechen, was das Herz bewegt. Und dann bieten sie sehr oft eine faszinierende Mischung von Naivität und Hintergründigem. So ist es mir auch mit dem Text des kleinen Evangelisten Lukas aus der Bergschule gegangen. Sein Wort hat mich verfolgt: „Steig abi vom Kreuz, dann schlagen wir sie her …" Hat sich diese Vorstellung in der Geschichte des Christentums wirklich nur auf eine Schulbubenphantasie beschränkt?

Im selben Sommer war ich in der Provence. Und ich stand in der berühmten Kreuzfahrerkirche von Aigues Mortes, jener Stadt, die der französische König als Flottenbasis für die Kreuzzüge eigens errichten ließ. Sie steht noch genau so in der Gegenwart, wie sie gebaut wurde, in einer düsteren Sinnlosigkeit und ohne jede Funktion. Sogar das Meer hat sich von ihr zurückgezogen. Nicht einmal in der Kirche gelingt es, das Gefühl aufkommen zu lassen, in einem Gotteshaus zu stehen.

An den Säulen und Wänden hängt immer noch das Klirren der Schwerter und der Panzerhemden. Und durch den Raum dröhnt der dumpfe Aufprall der Schilde, die auf den Boden gestoßen wurden, und noch immer steht in den Gewölben der Widerhall des Schlachtrufs „Dieu le veut", „Gott will es!". Aber ich habe das Wort von der Bergschule im Ohr: Steig abi vom Kreuz, dann schlagen wir sie her! In der Kirche von Aigues Mortes war kein Hauch vom Geist der Bergpredigt und vom barmherzigen Samaritan.

In derselben Stadt steht an einer Ecke ein gewaltiger Turm, die „Tour de Constance". Er ist auch so ein Denkmal der Gewalt im Namen Gottes. Noch im 18. Jahrhundert hat man ein 18jähriges Mädchen 32 Jahre lang dort eingekerkert, weil sie Hugenottin war und ihrem Glauben nicht abschwören wollte. In die Wand hat sie das Wort „resister" eingeritzt, „widerstehen".

Wenig später kommt mir der Räuberspruch des kleinen Lukas vor den düster-imposanten Mauern des Papstpalastes in Avignon in den Sinn, und später vor den Burgen der Fürstbischöfe und ihrer Hochgerichte, der Verliese und der Folterkammern. All das hat man errichtet, um angeblich der Sache Jesu zu dienen. Aber der Welterlöser hätte über diese Bauwerke kritischere Worte gefunden als über die gewaltigen Mauern des Tempels von Jerusalem ...

Immer wieder tauchen diese Zeugen heilig-unheiliger Macht auf, diese großen Mißverständnisse gegenüber der Botschaft eines Heilands, der die Herzen auf andere Weise gewinnen wollte. Ich weiß, daß man die Meßlatten unserer Zeit nicht an andere Epochen voreilig anlehnen darf. Aber ich glaube doch, daß der kleine Lukas mit dem Vorschlag, den er dem „wilden" Räuber in den Mund gelegt hat, etwas ausgesprochen hat, was zutiefst in unserer Seele schlummert und immer wieder erwacht – die Aggression, die sich ein christlich-moralisches Mäntelchen umwirft. Die Gewalt muß ja nicht immer so massiv sein. Es gibt auch viel feinere Formen des „Herschlagens". Sie sind – woher immer sie kommen mögen – zunächst immer einfacher als die Wege des Gewinnens, des Überzeugens, des Argumentierens und der Geduld.

Der kleine Lukas hat übrigens auf meine Frage, ob Jesus das „Herschlagen" gern gehabt hätte, gleich zugegeben, daß die gebeutelten und verdroschenen Soldaten nicht ganz dem göttlichen Heilsplan entsprochen hätten: „Er hätt' ja einen ganzen Haufen Engel holen können", hat der Lukas gemeint. Aber schön wär's halt doch gewesen. Wer will das einem Achtjährigen auch schon übelnehmen, wenn so viele Würdenträger, gekrönte Häupter und studierte Leute auch nicht gescheiter waren …

Jesus und die Frisöre

„Ich weiß, wie das gewesen ist!"

Der kleine Martin in der 1. Klasse fuchtelte aufgeregt mit erhobener Hand. Es ging um die Erzählung von der Heilung des Gelähmten.

„Also", sagte er und stemmte die Daumen unter die Hosenträger, „das war so: Der Jesus war in einem Haus zum Predigen – und da bist glatt nimmer einikemmen, soviel Leut' waren da. Dann haben sie einen Gelähmten daherzaart (= dahergezerrt) …"

„Was ist denn das, ein Gelähmter?"

„Der kann nimmer gehn. Wie dem Franzl sei Großvater … Dann haben sie also den Gelähmten zum Jesus hinbringen wollen, weil sie sich denkt haben, vielleicht kann er ihm helfen. Aber glabst vielleicht, die andern hätten ausg'stellt? Naa – stehn blieb'n sei sie wia die Stöck'! Dann haben sie a Loater (eine Leiter) g'holt und haben ihn aufs Dach aufi. Und dann hab'n sie a Loch ins Dach g'macht und hab'n ihn genau vor den Jesus abilass'n. Und der Jesus hat ihn ang'schaut, und dann hat er g'sagt: Deine Sünden sein weg!!"

„Da hab'n sich die andern im Zimmer denkt: Was redt denn der für an Bledsinn? Der kann ja gar koane Sünd'n wegnehmen, des kann ja lei der liebe Gott!

39

Da hat sie der Jesus ang'schaut und hat g'sagt" – und nun begannen die Augen des Martin zu blitzen, und sein Mund verzog sich zu einer gewissen Verachtung – „Was kann i nit?? Jetzt werd i enk zoag'n, was i kann! Und dann hat er zum Gelähmten g'sagt: Steh auf und geh hoam! Und dann ist der aufg'stand'n und hoam-gangen! *Aber dann seins dag'sess'n, die Frisöre!"*

Die „Frisöre" waren natürlich die Pharisäer.

Martin, der die Geschichte mit jener meisterhaften Dramatik erzählt hatte, zu der Kinder nur dann finden, wenn sie im Dialekt reden dürfen, hat das völlig fremde Wort mit einem bekannteren vertauscht, und so kam ein ehrsamer Berufsstand in eine etwas merkwürdige Rolle im Neuen Testament.

Aber die Erinnerung an die etwas dumm dasitzenden „Frisöre" verläßt mich nicht. Strenggenommen waren auch die Pharisäer ein durchaus ehrenwerter Berufs-stand, der sich um die Bewahrung des jüdischen Glau-bens bemerkenswerte Verdienste erworben hatte und der in seinen Reihen auch sehr respektable Mitglieder hatte. Die Gruppe, mit der sich Jesus auseinandersetzt und die bis heute das Wort „Pharisäer" leider negativ prägt, war ein fanatisch-fundamentalistischer Flügel, der viel Geltungsdrang mit Kleinkariertheit verband,

wie es immer so ist, wenn Würdebewußtsein und Horizont nicht ganz zusammenstimmen … Die Frage ist eigentlich, warum die Auseinandersetzung Jesu mit diesen extremen Mentalitäten im Evangelium einen so großen Raum einnimmt. Als die Schriften des Neuen Testaments Gestalt annahmen, hatten die Pharisäer kaum mehr eine aktuelle Bedeutung für die junge Kirche.

Warum also soviel Aufhebens? Ich ahne heute, warum. Und je länger ich den Lauf von Kirche und Welt betrachte, umso deutlicher wird es mir.

Es geht gar nicht um die Handvoll Gegner Jesu, die in ungenauer Verallgemeinerung als „Pharisäer" bezeichnet werden. Es geht um die Echtheit des Glaubens schlechthin, um den Kern wahrer religiöser Haltung.

Es wird sie nämlich immer geben – die Leute, die da meinen, ein menschliches Gebot sei wichtiger als ein göttliches.

Es wird immer Leute geben, die da glauben, ihre aszetischen Leistungen stünden höher als die Gnade und Güte Gottes. Und immer wieder treten Menschen auf, die auf Grund ihrer höheren Bildung oder ihres erhabeneren Standes mit einer gewissen Verachtung auf die kleinen, einfachen Leute herunterschauen, wie damals einige Hochgestochene abwertend die einfachen Leute „Volk der Erde, das vom Gesetz nichts versteht" genannt haben.

Es werden auch niemals jene aussterben, die für andere harte moralische Urteile haben, weil sie in Wirklichkeit mit sich selbst nicht ins Reine gekommen sind und in den anderen sich selbst bestrafen.

Und es wird immer solche geben, die die Barmherzigkeit Gottes nicht begreifen, nur die von ihnen selbst geschaffenen Paragraphen.

Weil es diese verbogenen Mentalitäten immer wieder gegeben hat und geben wird, in uns, in der Kirche und in der Gesellschaft, deshalb steht soviel von dieser harten Auseinandersetzung Jesu mit dieser Geisteshaltung, die man als „Pharisäismus" bezeichnet, im Evangelium.

Vermutlich werden manche bis zum Weltgericht dem Herrn vorschreiben wollen, wo er verzeihen darf und wo nicht. Und wenn dann am Ende die ganze Woge der göttlichen Güte über alle Lähmungen, Unzulänglichkeiten und eingestandenen Bosheiten der Menschheit hereinbricht, in einer Weise, die wir uns nicht vorstellen können, weil wir eben mit dem winzigen Feldstecher unseres Geistes die ungeheuren Energien der Sternenwirbel Gottes nicht zu erfassen vermögen – wenn also dieses ganze Wunder der Barmherzigkeit zum Schlußakkord ansetzt, jeden Hauch eines guten Willens umarmend – dann könnte ja der dramatische Satz des kleinen Martin wieder stimmen:

„Dann werd'ns dasitzen, die Frisöre …"

Begegnung im Hofgarten

Der Hofgarten zu Innsbruck ist mit seinen uralten Bäumen, den lichten Rasenflächen und den dunklen Blätterdächern, den huschenden Eichhörnchen, dem Vogelgezwitscher, den Glockenklängen rundherum und der schimmernden Bergkulisse zum Atemholen da. Wenn man die richtige Stunde erwischt, ist dort auch gar nicht viel Betrieb. Dann kann man sich auf eine Bank setzen und warten, bis die zutraulichen Kohlmeisen kommen und aus der Hand fressen. Und so bin ich zur ruhigen Zeit in den Hofgarten geflüchtet und füttere die Meisen und verfolge das Gekreisch der grünen Papageien, die sich hier in freier Wildbahn tummeln und irgendwo bei einem warmen Kamin sogar den Winter überleben. Sie sind einmal aus einem Käfig ausgerissen und haben sich selbständig gemacht. Bezüglich der Nahrungssuche werden sie keine allzugroßen Sorgen haben. Sie können mit Sponsoren rechnen. So sitze ich da und genieße die Idylle.

Aber die Idylle ist in dieser Welt oft ein Stück Selbstbetrug. Die Fragwürdigkeit des Lebens erreicht uns immer und überall. Meine Hofgartenbankidylle wird durch drei Vögel unterbrochen, die langsam näher kommen. Sie sind mir nicht bekannt, trotzdem ich mit

vielen hiesigen Artgenossen Kontakte habe. Ob sie einem Käfig entkommen sind, weiß ich nicht – möglich wär's. Auf der Suche nach Sponsoren scheinen sie auch zu sein. Da der eine einen Flaschenhals aus dem Hosensack ragen läßt und der zweite eine halbvolle Flasche im Tragbeutel hat, vermute ich, daß sie nicht auf der Nahrungssuche im strengen Sinn sind – wie meine zahmen Meisen – sondern eher auf der Tranksuche. Jedenfalls sind es keine typischen Wasservögel. Sie scheinen andere Flüssigkeiten zu bevorzugen. Wahrscheinlich handelt es sich um eine Art Sumpfhühner.

Sie kommen zielstrebig näher. Priesterkragen und Klosterpforten sind für diese Vogelarten bevorzugte Anflugziele. Meine Ahnungen bestätigen sich. Wie sie vor mir stehen, wehen mir Fahnen entgegen, die zum Schmuck für eine größere Prozession gereicht hätten. Aber trotz allem – es sind die Typen, denen man nicht böse sein kann. Ich habe von Sandlern eigentlich nie ein böses Wort gehört.

Der Mittlere ist in etwas besserer Verfassung und übernimmt die Rolle des Sprechers. Die anderen beiden beschränken sich auf gelegentliches bestätigendes Nicken. Viel mehr an Kommunikationsfähigkeit ist nicht mehr drin.

„Hochwiaden, tan 'S uns unterstützen", beginnt der Boß der Gruppe.

Ich bleibe zurückhaltend: „Mein Lieber, du kannst doch nicht erwarten, daß ich euch den nächsten Rausch finanziere…"

„Nein, niemals nicht!" sagt er mit tiefer moralischer Entrüstung. „Wir sind anständige Leut, wir schauen nur so aus. Sie wissen ja, wia des is: Ka Wohnung, ka Waschgelegenheit, ka Oabat, ka gar nix. Da schaust dann so aus…"

Aber das Aussehen ist es ja nicht, was mich so zögern läßt. Es sind die Fahnen, die mich umwehen und die meine Freigebigkeit wanken lassen.

Der Sprecher hat meine Bedenken bemerkt. Darum muß er jetzt einen neuen Trumpf herausziehen, damit er mich weichkriegt.

„Schauen Sie, Hochwiaden", sagt er, „wir sind wiakli ordentliche Leut. Bitte – Sie können sich beim Bischof Stecher erkundigen. Der wohnt gleich da drüben beim Dom und ist Ihr oberster Chef… Ich kenn ihn sehr gut…" Seine Hand weist auf die Domkuppel, die über die Bäume herüberlugt. „Ich habe mich sehr oft mit ihm unterhalten. Mit *dem* kann man über alles reden…" Sein Blick wird auf Grund überwältigender Erinnerungen ganz versonnen. „Ja, ja", fügt er hinzu, „wenn alle Geistlichen so wären, schauat die Welt anders aus…"

„Ja, kennst du ihn wirklich so gut? Wie oft warst denn bei ihm?"

„Ja mei", meint er, „es hat sich eben oft so ergeben. Aber bitte, gehn S' ruhig hinüber, Domplatz 5, ob'n bei der Häuserin läut'n. Sie können alles übaprüf'n …"

„Ich glaub doch nicht, daß du ihn gar so gut kennst", sag ich zu ihm.

„Aber bitte, Hochwiaden, wann ich Ihnen sag …"

„Und was sagst, wenn ich der Bischof Stecher bin?"

Diese Wendung war nicht vorgesehen.

Aber seine Verlegenheit hält sich in Grenzen. Es war eben ein Betriebsunfall beim „Fechten". „Mei, Hea Eminenz, Sie wiss'n scho, ma probiat halt all's …"

Ja, ich weiß.

Man kann den Brüdern nicht böse sein. Ich weiß, daß hinter dieser Szene eine menschliche Tragödie mit vielen Schicksalen und Verkettungen steht, die weit, weit zurückreichen, sodaß das, was man Schuld nennt, für mich in einem fernen Dunst undurchschaubarer Zusammenhänge verschwindet.

Wir werden übrigens handelseins. Ich zahl ihnen ein Essen drüben bei Mc Donald's, und sie müssen mir versprechen, daß sie mit meinem Geld keinen Alkohol kaufen. Der Boß legt die Hand aufs Herz, und es ist merkwürdig, aber ich glaube ihm. Man soll sich nicht täuschen. Es gibt auch eine Sandlerehre. Ich habe einmal beobachtet, wie ein alter Sandler beim Selbstbedienungszeitungsstand schön brav seine Schillinge in

48

den Kassenschlitz gesteckt hat. Gleich darauf ist ein bessergestellter Herr aus dem Auto gesprungen und hat sich eine Zeitung geholt und das Zahlen ganz vergessen, weil er in der zweiten Spur geparkt hat und es furchtbar eilig hatte… Und wenn ein alter Kunde meiner Wirtschafterin, die in größeren und kleineren Nöten hilft, Blumen abgibt, finde ich das rührend, auch wenn manchmal die Blüten zufällig mit der Neuanpflanzung im Hofgarten drüben sortengleich sind. Man darf nicht immer gleich das Schlechteste annehmen.

Ich weiß natürlich, daß die Begegnung im Hofgarten keine effiziente und gezielte soziale Aktion für die Obdachlosen in der Stadt war. Das muß alles vernünftiger, weitschauender, rationaler und besser geplant sein, damit es greift. Ich weiß, wie sorgsam die Caritas mit dem Geld umgehen muß, damit es nicht verpulvert wird. Aber an eines erinnert mich die skurrile Begegnung im Hofgarten auch: Wer irgendwo in der Welt Gutes tut, muß auch damit rechnen, daß er da und dort ein wenig ausgenützt wird und auf einen Schwindel hereinfällt. Wer nur gibt, „wenn er ganz bestimmt weiß, daß es hundertprozentig ankommt", der verlangt zuviel. Einen kleinen Prozentsatz Leerlauf gibt es überall, auch in der Übung der Nächstenliebe.

Meine liebste Krippenfigur

Wenn die Weihnachtszeit näherrückt, werden Journalisten einfallsreich. Sie brauchen passende Texte. Und da sie diese am liebsten von seiten einer gewissen Prominenz bevorzugen, bedrängen sie Bischöfe mit allen möglichen Fragen.

„Wie verbringen Sie den Heiligen Abend?" ist schon etwas abgebraucht. (Ich kann mir beim besten Willen nicht ausmalen, wen derartige Offenbarungen vom Sessel reißen sollten.)

„Welchen Wunsch haben Sie besonders auf dem Herzen?" Der erste, der mir einfällt – den darf ich nicht laut sagen: Einmal eine Zeitlang keine Interviews zu erleben ... Auch die Fragen, welche Erwartungen man ans kommende Jahr stellt, sind langsam ermüdend und ringen nur etwas gequälte Platitüden ab.

Die Anfrage einer Redaktion, welche meine liebste Krippenfigur sei, war zwar eine Neuheit, aber es fällt mir nicht leicht, sie zu beantworten. Die Frage wird ja höchstwahrscheinlich an mehrere Würdenträger gestellt. Ich kann mir also ausrechnen, daß meine Mitbrüder im Herrn die Krippe ganz schön abräumen. Die Szene von Bethlehem zeigt ja Figuren in einer Reihenfolge objektiver Wertschätzung, angefangen vom göttlichen Kind. Und die Sammlung bischöflicher Krippenmeditationen kann ja nicht besonders spannend sein, wenn sich alle frommen Herren auf die Heilige Familie beschränken. Ich muß also ausweichen. Und so weiche ich mit der Wahl der liebsten Krippenfigur in eine Ecke aus, in der ich keine Konkurrenz fürchte: Ich wähle den *Esel*.

Aber diese Wahl geschieht keineswegs nur aus Verlegenheit. Ich habe vor dem Esel einen tiefen Respekt. Natürlich spielt – wie das bei uns Menschen immer sehr bestimmend ist – eine persönliche Begegnung eine bedeutende Rolle. Ich habe im vergangenen Sommer auf einer Südtiroler Schutzhütte einen so zutraulichen, liebenswürdigen Esel kennengelernt, daß ich meine Vorurteile mit einer gewissen Beschämung revidiert habe. Und so steht am Beginn meines Versuches, den Krippenesel biblisch, theologisch und moralisch zu rehabilitieren, eine Art Schuldkomplex.

Im Evangelium ist der Esel an der Krippe allerdings nicht erwähnt. Seine weihnachtliche Rolle verdankt er dem Propheten Jesaja. Der schreibt nämlich im 1. Kapitel, Vers 3: „Der Ochs kennt seinen Besitzer und der Esel die Krippe seines Herrn ..."

Und damit hat der Esel schon seine erste Funktion. Es ist sozusagen eine biblisch-didaktische. Er erinnert uns daran, daß man das Neue Testament immer mit dem Blick auf das Alte und das Alte mit dem Blick auf das Neue lesen muß. Das gilt im besonderen Fall für die Kindheitsgeschichte. Da gibt es so viele Bezüge, Vorbilder, Symbole und Anspielungen auf die Verheißungen des Alten Testaments, daß dem interessierten Leser richtige Lichter aufgehen, wenn er in dieser Hinsicht ein wenig Bescheid weiß.

Die erste Botschaft von Meister Langohr heißt also: „Siehst du, werter Christ, wenn du keine Ahnung vom Propheten Jesaja hast, verstehst du bei der Krippe nicht einmal mich, den Esel. Tu also etwas für deine dürftige biblische Bildung. Und noch etwas: Manche Figuren hat nur die fromme Phantasie auf die Krippe gestellt – wie zum Beispiel die plaudernden Frauen am Brunnen, den störrischen Geißbock oder den Hirten mit dem Dudelsack. Vom goldbetreßten Reitelefanten der Weisen will ich gar nicht reden. Aber ich, der Esel, berufe mich auf den größten Propheten Israels. Ich bitte mir also einen gewissen Respekt aus …“

Zum zweiten ist die Anwesenheit des Esels auf der Krippe eine unmißverständliche Moralpredigt gegen die religiöse Gleichgültigkeit. Beim oben genannten Text des Jesaja heißt es nämlich weiter: „Aber Israel erkennt nicht, mein Volk hat keine Einsicht …“ Damit ist

doch klar gesagt, wofür Jesaja einen Menschen hält, der die Krippe seines Herrn nicht kennt und nicht kennen will. Der Gleichgültige, Unbelehrbare und Indolente rangiert also beim großen Propheten weit unter dem Esel. Und so wird der Esel neben der Krippe eigentlich zum Mahnmal für alle, die am Wunder der Weihnacht mit ein paar Phrasen und einigen Gefühlchen nur vorüberhuschen und für das Wesen der Dinge kein Interesse haben, den Kopf voller Nichtigkeiten und Eitelkeiten, obwohl es der Herr doch so gut mit ihnen meint. Für sie alle steht der Esel mit der ihm eigenen heiligen Sturheit neben der Krippe und sagt: „Bitte, nehmt euch ein Beispiel. Ich weiß wenigstens, was sich gehört…"

Die dritte Rolle des Esels hat einen höchst zeitgemäßen Beigeschmack. Der Esel steht neben seinem Schöpfer als Repräsentant der leidenden, belasteten und vom Menschen schlecht behandelten Kreatur. Na, da hat er ja heute ziemlich viel zu vertreten. Er spricht aus der leidvollen Erfahrung seiner Artgenossen durch die Jahrtausende: „Wie seid ihr bloß mit uns umgegangen! Durch Jahrtausende haben wir euch als Volks- und Lieferwagen gedient, wobei wir nicht einmal über ein PS verfügen, und seit ihr auf luftverpestende Autos umgestiegen seid, benutzt ihr uns überhaupt nur als Schimpfwort!"

Wenn ich an meinen langohrigen Freund auf der Alm im Sommer denke, steigt mir richtig die Schamröte auf. Als Vertreter der ausgebeuteten und verachteten Natur hat der Esel einen sehr sinnvollen Platz auf der modernsten Krippe.

Die vierte Rolle des Esels ist etwas hintergründig. Ich will es rundweg heraussagen, auch auf die Gefahr hin, daß mich ein lieber Leser auslacht: Ich fühle zum Esel eine gewisse existentielle Verwandtschaft. Vielleicht kann ich es erklären.

Wenn ich so vor der Krippe verweile und mit Herz und Sinn in das Geheimnis der Heiligen Nacht einzudringen versuche und erahnen möchte, was das heißt: „Gott wird Mensch" – was da an Göttlichem und Menschlichem in der Weltgeschichte und im Universum bewegt wird, und wenn ich fühle, welche Wogen des Mysteriums über mir zusammenschlagen, was für eine unbegreifliche Helle und was für ein undurchschaubares Dunkel, und wie das alles meine Intelligenz übersteigt und sich aller Phantasie entzieht – wenn ich also bei einer derartigen Krippenbetrachtung wieder aufschaue und auf den Esel blicke, scheint er mir tatsächlich zuzuzwinkern und zu sagen: „Siehst du, viel gescheiter als ich bist du auch nicht…" Und wo er recht hat, hat er recht. Da nützt weder Doktorhut noch

Mitra. Vielleicht ist es ein kleiner Trost, daß meines Wissens einige sehr große Theologen und Kirchenlehrer ganz ähnlich gedacht haben – aber nur die großen. Ein paar kleinere und mittlere würden den Vergleich mit dem Esel entrüstet zurückweisen und dabei gar nicht draufkommen, daß ihnen samt ihrem akademischen Standesbewußtsein bei der Krippe des Herrn ein viel schlechterer Platz zugewiesen wird als dem Esel.

Und schließlich gibt es für mich beim Krippenesel noch einen fünften Aspekt. Ich meine seinen musikalischen Beitrag zu den Gesängen von Bethlehem. Zugegeben – er ist nach Melodie und Text bescheiden. Vom Melodiösen her ist der Eselsgesang auch bei wohlwollender Beurteilung dürftig und bewegt sich bestenfalls auf zwei Tonstufen. Und beim Text beschränkt sich der Esel auf eine Silbe: I-ah.

Aber hier beginnt nun die Überraschung. Dieses „Jah" ist die letzte Silbe von Hallelujah. Und so zeigt der Esel, daß er mit seinen bescheidenen Möglichkeiten in die Chöre auf den Fluren von Bethlehem einstimmt. Und zwar mit der wichtigsten Silbe: „Hallelú" heißt auf hebräisch „lobet" – und „Jah" heißt „Gott". Der unscheinbare Esel kann also auch hebräisch (was nicht alle forschen Journalisten, die derzeit kritische Werke über die Heilige Schrift schreiben, von sich behaupten können). Und so verweist der musisch schwach begabte Esel auf das Zentrum allen Lobgesangs: auf den Herrn. Angesichts unserer Überkonzentration auf Welt, Mensch, Diesseits und Materie trifft er eigentlich wieder den Nagel auf den Kopf: *Jah* – du sollst den Herrn, deinen Gott, loben …"

Ich hoffe, daß diese Darlegungen als Erklärung ausreichen, warum ich den Esel zu meiner liebsten Krippenfigur gewählt habe. Und ich hoffe, daß Sie den langohrigen Multifunktionär in Zukunft mit etwas mehr Respekt betrachten!

Bischof und Privatsekretärin

Es ist mir bewußt, daß ich ein delikates Thema anschneide. Aber was will man schon tun, wenn man ständig mit den Forderungen nach Transparenz in der Kirche konfrontiert wird? Natürlich wird über das Verhältnis eines Bischofs zu seiner Privatsekretärin gemunkelt, und die eifrigen Vertreter gewisser Presseerzeugnisse wetzen die Federn oder polieren die Mikrofone. Und deshalb will ich ihnen zuvorkommen, bevor die Enthüllungsjournalisten einer entsprechenden Schlagzeile entgegenzufiebern beginnen. Die Hoffnung auf pikante Storys aus den oberen Etagen der Kirche ist ja immer hellwach.

Ich gebe ganz offen zu, daß meine Privatsekretärin ungewöhnliche Vorrechte hat. Sie darf sich höchst ungezwungen in allen Räumen bewegen. Ja hie und da setzt sie sogar auf raffinierte Weise den Zugang zu meinem Schlafzimmer durch, obwohl sie damit eindeutig Grenzen überschreitet. Und weil ich schon bei einem so offenherzigen „Outing" bin, gebe ich auch zu, daß ich hie und da „Mausi" zu ihr sage und daß es zu gewissen Vertraulichkeiten kommt.

Aber damit hat es sich auch. Meine Privatsekretärin ist sehr diskret und bringt mich nie in einen falschen

Verdacht. Es handelt sich nämlich um eine possierlich-elegante, höchst eigenwillige Katze. (Weniger differenzierte Menschen sprechen in diesem Zusammenhang von einem „damischen Vieh". Aber derartig derbe Qualifikationen werden ihrem Charakter keineswegs gerecht.)

Sie hat ihre bedeutende diözesane Position trotz einer etwas dunklen Vergangenheit errungen. Genaugenommen war sie ein Sozialfall. Sie ist als heruntergekommene, halbverwilderte Streunerin aufgetaucht und hat sich im alten Holzkeller des Bischofshauses einquartiert. Aus dem Dunkel dieses Raumes heraus hat sie jeden wütend angefaucht, der ihr zu nahe kam. Als ihr meine gutherzige Wirtschafterin immer wieder etwas zum Fressen hinstellte, wurden die Umgangsformen der Hergelaufenen immer kultivierter. Schließlich beschloß sie, auf Grund des ihr zusagenden Betriebsklimas in kirchliche Dienste zu treten. Und so begann ihre Bilderbuchkarriere, ihr Aufstieg vom Holzkeller in die Privatgemächer der bischöflichen Residenz. Das ist zwar ein etwas hochtrabender Ausdruck für die alte Hütte am Domplatz, aber Sie wissen ja, wie es gemeint ist.

Im Zuge ihres Resozialisierungsprozesses hat sie zweifellos ihre Identität und Würde wiederentdeckt.

Dieser Gedanke drängt sich mir unwillkürlich auf, wenn ich ihr zusehe, wie sie am Fenster meines Arbeitszimmers sitzt und mit einer Konzentration zum Domplatz hinuntermeditiert, zu der nur Katzen fähig sind.

Irgendwie erinnert sie mich an den in der deutschen Literaturgeschichte unsterblich gewordenen Kater Hiddigeigei, dem Joseph Viktor von Scheffel in seinem Werk „Der Trompeter von Säckingen" ein Denkmal gesetzt und folgende Verse gewidmet hat, die die Gedanken eines sinnenden Katers widerspiegeln:

„Warum küssen sich die Menschen?
Warum davon meist die jungen?
Warum diese meist im Frühling?
Über diese schweren Dinge
werd' ich nächstens auf dem Dache
etwas näher meditieren…"

Ich bin allerdings sicher, daß meine Privatsekretärin *darüber* nicht meditiert, wenn sie auf den Domplatz hinunterschaut (obwohl das dortige Geschehen auch zu diesem Thema einschlägige Anregungen böte). Das hat nichts mit irgendwelchen Tabuisierungen zu tun, die ihr vielleicht ihre derzeitige kirchliche Position nahelegen könnte. Nein – ich weiß genau, daß sie über die Tauben meditiert. Vögel haben es ihr überhaupt angetan. Sie kommt seelisch nur schwer darüber hinweg, wenn sie zuschauen muß, wie eine Amsel unbekümmert vor dem Fenster zwitschert, die eben schon längst von der absoluten Sicherheit des Fensterglases überzeugt ist. Die Katze findet die Vögel ebenso interessant wie die Mäuse in der Speisekammer und auf dem Dachboden. Für Mäuse ist ein 500 Jahre altes Haus selbstverständlich eine Traumvilla. Seit Jahren haben sie fröhlich und ungestört in den hohlen Zwischenböden ein intensives gesellschaftliches Leben entwickelt, wobei sie immer wieder meine Speisekammer mit einer Außenstelle der bischöflichen Caritas verwechselten. Meine Privatsekretärin hat sie in die Schranken gewiesen. Nach mehreren Familientragödien haben sie das Feld geräumt. Zwischen Kirchenkatze und Kirchenmaus gab es keine Gesprächsebene. (Womit wieder einmal erwiesen ist, wie schwer man polarisierte Extremgruppierungen in der Kirche unter ein Dach bringen kann).

Während die Kirchenkatze sich nach oben mit leisem Miauen, schmeichelndem Herumstreichen, zärtlichem Anlehnungsbedürfnis und anderen gewinnenden, loyalitätsbetonten Verhaltensweisen höchst vorteilhaft darzustellen bemühte, hat sie sich nach unten mit scharfen Krallen beinhart durchgesetzt. Opfer dieses im menschlichen Bereich gar nicht so seltenen Sozialverhaltens waren die Mäuse, denen es nie gelang, zur Kirchenleitung ein derartiges Vertrauensverhältnis herzustellen.

Seitdem es auf dem Jagdsektor nicht mehr viel zu tun gibt – gelegentlich herumschwirrende Fliegen sind nur belangloses Niederwild –, nimmt sie ihre Aufgabe als Privatsekretärin intensiver wahr. Sie liegt mit Vorliebe unter der Schreibtischlampe und kontrolliert von dort mit weisen Blicken meine Predigtvorbereitungen, Briefe, Korrespondenzen mit Organisationen und Institutionen und den ganzen täglichen Papierkram. Und wenn ich mich manchmal lustlos durch ermüdende Vorlagen quäle, die nicht gerade mein innerstes Anliegen betreffen, und ihr dabei den Hals kraule, scheint sie mir mit ihren hintergründig-großen Augen zu sagen: „Es ist beides für die Katz', das Lesen und das Kraulen – aber vom zweiten hab ich mehr…" Es ist außerordentlich entspannend, wenn jemand unmittelbar neben den Akten schnurrt.

Meine Privatsekretärin ist übrigens optisch attraktiv. Ihr geflammtes Tigerfell in Schwarz, Grau und Weiß hat eine betörende Eleganz. Vor allem hat sie aber in ihrem Wesen etwas sehr Beruhigendes. Wenn sie so mit ihrer fast hypnotisierenden Gelassenheit dasitzt, erinnert sie mich an jene altägyptische Katze aus grünem Serpentin, die ich einmal in einem großen Museum bewundert habe. Beide Katzen – die archaische aus Stein und die

lebendige neben mir – haben etwas Zeitlos-Unergründliches.

Wenn die Neugierde, wie man sagt, ein Maßstab für Intelligenz ist, liegt meine Katze ganz hoch in den Punkten. Jede Tasche, jeder Koffer, jeder Aktenstapel, jede offene Schublade und Kastentür wird inspiziert. Für ihre Allgemeinbildung spricht ihre außerordentliche Vorliebe für die Bibliothek. Wo immer Schiebetüren offenbleiben, zwängt sie sich ins betreffende Wissensgebiet. Ich habe sie schon aus den deutschen Klassikern, der Lyrik des 20. Jahrhunderts, den Kirchenvätern und der Moraltheologie herausgeholt. Neulich lag sie nachmittags auf den Theologischen Schriften von Karl Rahner. Sie hat sie allerdings nur beschnuppert – aber bitte, mehr haben einige seiner lautesten Kritiker in jüngster Zeit auch nicht getan… Jedenfalls orte ich bei ihr ein so weitgespanntes Interesse, daß ich sie dem Katholischen Bildungswerk zur Mitarbeit empfehlen könnte.

Aber vorläufig gebe ich sie nicht her. Bei meinem doch oft belastenden Arbeitspensum demonstriert sie die notwendige Entspannung derart überzeugend, als wäre sie eine perfekte Psychotherapeutin. Ein besonderes Raffinement entwickelt sie bei der Wahl von kontemplativen Ruheplätzen. Das reicht vom frischen Wäschestapel über das Rund des Adventkranzes bis zu der für das Pontifikalamt bereitgelegten Mitra. Hier mußte sie allerdings zur Kenntnis nehmen, daß sie bei der Wahl von Siestaplätzen gewisse Grenzen einzuhalten hat. Aber wenn man's genau nimmt – ist nicht eine auf einem barocken Würde-Wunderwerk der Stickkunst schnurrende Katze auch einer jener kleinen relativierenden Witze in den Prunkräumen der Erhabenheit, die uns augenzwinkernd auf den Boden der Realität herunterholen?

Das ist eben eine ihrer wesentlichen Sekretärinnenfunktionen. Sie ist ein lebendiges Korrektiv. Sie beantwortet Hast mit Gelassenheit, Aufregung mit völligem Entspanntsein, hochgehende Emotionen mit weiser Zurückhaltung, Ungeduld mit langmütigem Warten, unwirsches Verhalten mit diplomatisch-gewinnenden Formen. Mit diesen Eigenschaften wäre sie ja vielen Würdenträgern und Kirchenmanagern zu empfehlen.

Allerdings muß ich auf eines aufmerksam machen: Sie ist grundsätzlich antiautoritär. Sie lehnt alle Zwangsmaßnahmen ab und beweist Anhänglichkeit nur auf dem Boden respektierter Freiheit. Aber es könnte ja sein, daß sie auch in dieser Hinsicht ein gewisses Korrektiv als Bischofssekretärin einzubringen hat.

Jedenfalls ist mir meine Privatsekretärin Mausi unentbehrlich geworden. Ich habe keine Katze – sie hat mich.

Eine kleine Vorbemerkung

Wenn man mit den Erinnerungen in die unseligen Zeiten von 1938 bis 1945 zurückgreift, hat man fast das Bedürfnis, sich zu entschuldigen. Man fühlt sich wie ein redseliger Veteran. Und ich bin mir bewußt, daß diese Zeit, die für mich in der Gesamtbilanz persönlich, familiär, gesellschaftlich und politisch schrecklich war, kein Altgold heroischer Verklärung verdient. Aber andererseits gibt es heute so viele, die wissenschaftlich, literarisch oder journalistisch über diese Zeiten schreiben. Und es gibt viele wirklichkeitsverzerrende Filter, die da über die Darstellungen gelegt werden. Also ist es vielleicht auch berechtigt, wenn einer der noch verbleibenden Zeitzeugen das eine oder andere auch festhält. Ich wähle nur drei Erinnerungen aus. Sie sind bar jeder heldischen Pose. Sie sind wahr und bis ins Detail selbst erlebt. Es handelt sich um eine *ernste,* eine *heitere* und eine *tröstliche Geschichte.* Solche Erfahrungen hat es selbst in jener furchtbaren Zeit gegeben.

Die Schwingtüre

Das Stichwort, das diese Erinnerung beschworen hat, hieß „Kaunas". Diese litauische Stadt tauchte vor mir aus dem Nebel der Vergangenheit auf, als ich zufällig in einem Artikel über den jüdischen Philosophen Levinàs las, daß er in Kaunas geboren sei. Dieser große, später in Frankreich wirkende Denker gehört zu den Entdeckern des Du in unserer ichverliebten und in eigener Identitätssuche sich verlierenden Zeit.

Kaunas! Diese wunderbare Stadt am Njemen hat mich im Jahre 1942 aufgenommen. Obwohl damals gerade zaghaft der Frühling begann, lag für mich über Stadt, Land und Menschen ein Hauch jener Traurigkeit, der für mich immer über das Baltikum gebreitet war. Man hat dort zuviel mitgemacht – von allen Seiten. Und alle Seiten waren brutal.

Ich muß ein bißchen ausholen. Ein unbekannter sibirischer Scharfschütze hatte mir am Karfreitag einen so glatten und in den Folgen harmlosen Armdurchschuß beschert, daß ich den Geisterschützen zu meinen großen Wohltätern zählen muß. Es wäre mir ein Vergnügen, ihn auch heute noch auf einen vierwöchigen Tirolurlaub einzuladen. Aber wenn wir auch nur weni-

67

ge Meter voneinander entfernt waren – der Austausch von Visitenkarten wäre in den Wäldern am Ilmensee schwierig gewesen. Aber ich kann ihm nie vergessen, daß er mich aus dem Schrecken der Front und der mörderischen Kälte herausgeschossen hat.

Und so rollte ich in einem gut betreuten Sanitätsviehwaggon nach Westen. Die Stimmung hob sich mit dem Quadrat der Entfernung zur Front – und so trudelten wir nach einigen Tagen in Kaunas ein, der Hauptstadt Litauens. Dort begegnete ich meiner zweiten großen Wohltäterin. Es ist unglaublich, welcher Mittel sich die göttliche Vorsehung bedient. Meine zweite Wohltäterin war kein sibirischer Scharfschütze, sondern eine russische Laus. Ich hatte zwar keine Läuse – aber bei der offiziellen Entlausung im Kriegslazarett wurden anscheinend einige vorhandene gleichmäßig verteilt. Das liebe Tierchen verpaßte mir das Wolhynische Fieber, eine malariaartige akute Infektionskrankheit, die mich später Richtung Heimat in Marsch setzte und mir ein paar Wochen Atempause verschaffte. Seit dieser Begebenheit habe ich es mir abgewöhnt, von „lausigen" Zeiten zu sprechen.

Zunächst ließ sich also Kaunas gut an. Die große, für damalige Begriffe sehr moderne Klinik barg eine vierstellige Zahl von Verwundeten. Man war gut betreut und genoß den Traum eines weißen Bettes und eines von keinen Stalinorgeln und Panzergranaten gestörten Schlafes.

Eines Tages ging die Nachricht durch die Krankensäle, daß hoher Besuch zu erwarten sei: Der Reichsleiter der besetzten Ostgebiete, Alfred Rosenberg, der „Philosoph" des Dritten Reiches, gäbe sich die Ehre … Die Begeisterung der zwanzig Verwundeten in meinem Saal hielt sich ob dieser frohen Kunde in Grenzen. Die Zeit der „leuchtenden Augen" und siegreich gestreckten Arme war für Blessierte und Amputierte vorbei. Einer in der hinteren Ecke, der beide Beine erfroren hatte, stellte an den Sanitätsfeldwebel die Frage, ob man zu diesem Großereignis auch in die Aula der Klinik hinunterkriechen dürfe, und erntete bei denen, die überhaupt dazu imstande waren, ein beifälliges Gelächter, das durch die Bettenreihen plätscherte.

Aber es mußte niemand hinunterkriechen. Mit vor Ehrfurcht erstickter Stimme teilte der Oberarzt mit, daß der Herr Minister und Reichsleiter ausgerechnet unseren Saal besuchen würde – als einzigen im ganzen großen Lazarett. Krankenschwestern stürzten herein, überprüften die Verbände, zogen die Leintücher glatt, beutelten die Kopfkissen und machten uns zu einer richtigen Blessiertenparadetruppe. Es fehlte nur noch der Präsentiergriff mit den Krücken, die manche neben dem Bett liegen hatten.

Für mich, den Theologiestudenten, war die Sache um einen Grad dramatischer als für meine Kameraden. Ein Jahr vorher war ich noch Gestapohäftling gewesen (wegen „Widerstandes gegen die Staatsgewalt" – so bezeichnete man in der Amtssprache des Reichssicherheitshauptamtes den Versuch, eine Protestwallfahrt zu organisieren). Ich wußte, daß Alfred Rosenberg einer der schärfsten Kirchenhasser der Partei war. Ich hatte sein Buch, den „Mythos des 20. Jahrhunderts", ein Stück weit gelesen, bis es mir zu fad wurde. Aber ich wußte, wie er dachte. Er hatte auch einmal eine abfällige Bemerkung über die verdächtige Rassenmischung der Tiroler gemacht – im Zusammenhang mit einem Angriff auf einen Jesuitenphilosophen in Innsbruck. Ich hatte also sozusagen alle Voraussetzungen für eine angenehme Begegnung mit Alfred Rosenberg.

Einen Vorteil hatte ich allerdings: Im Augenblick war ich ein verwundeter Held. Und diese Kategorie der Frontsoldaten behandelte man im allgemeinen mit einer gewissen Vorsicht – wahrscheinlich aus dem Gespür, daß der propagandistisch überall verkündete Kampfgeist der Truppe ein dünnes Eis geworden war, dünner als die letzten Reste draußen auf dem Njemen. In dem Bewußtsein, daß mich, den wunden Krieger, alle da oben gern haben konnten, legte ich in einem Anfall von Übermut mein graues kleines Neues Testament mit sichtbarem Kreuzaufdruck und frommen bunten Einmerkbändchen auf das Nachtkästchen. Schauen, wie er dreinschauen wird, der Herr Reichsleiter.

Die Tür geht auf. Alfred Rosenberg in Parteiuniform hat eine funkelnde Eskorte: einen Feldmarschall, mehrere Generäle, diverse andere Goldfasane aus Partei und SS und dazu die vor Aufregung bibbernden medizinischen Fachkräfte – den Oberstabsarzt, den Stabsarzt, den Oberarzt, den Assistenzarzt. Sie umschwärmten Bett für Bett. Der jeweils zuständige Arzt gibt detaillierte Erklärungen zu den Verletzten, und der Herr Reichsleiter geruht, jeden zu fragen: „Woher sind Sie?" und „Was sind Sie von Beruf?"

Die Wolke der Würdenträger kommt immer näher. Ich bin der letzte von den zwanzig im Saal. Ich kann nicht sagen, daß ich Rosenberg gleichgültig entgegengesehen habe. Da war nun einer von jenen, hinter denen die ganze Welt des Schreckens stand, all das, was Juden und bekennende Christen, rassisch „Minderwertige" und „Lebensunwerte" bedrängte – der organisierte Haß, die Propagandalügen, die absolute Rechtlosigkeit, die Willkür in den Gefängnissen, die Konzentrationslager, die Verhaftungen, die Bespitzelungen, die Verhöre, die langsam verrinnenden Stunden in der Isolationshaft, die immer näher kommenden Stiefel, die hart durch den Gang hallen, die knirschenden Schlüssel, der Ruf „Raus zum Verhör!" Da ist er nun – Alfred Rosenberg, einer von denen, die dieses ganze Elend zu verantworten haben.

Aber meine Unterhaltung mit ihm beschränkt sich auf ein Wort. Er hat nicht auf den erläuternden Oberarzt gehört. Er hat sofort das Neue Testament auf dem Nachtkästchen gesehen. Er war völlig irritiert. Er schaut mich an – es waren keine guten Augen, ich werde sie nie vergessen – und sagt: „Wo sind Sie zu Hause?" Und ich sage langsam und deutlich: „Aus Tirol!"

Da dreht sich Alfred Rosenberg brüsk um und geht, die zweite Frage hat er nicht mehr gestellt. Und dann ist der Spuk vorbei.

Ich habe seine Augen nie vergessen. Sie sind mir wieder eingefallen, wie ich 1946 im Rundfunk das Urteil über Alfred Rosenberg in Nürnberg gehört habe: Death by hanging – Tod durch den Strang…

Wenige Tage später streife ich im Schlafrock des Patienten durch das Haus und gerate ins Souterrain, wo die Versorgungseinrichtungen und Magazine untergebracht sind. Ich wandere durch schlecht beleuchtete Gänge und alle möglichen Gerüche. Und dann komme ich zu einer schweren Schwingtüre. Ich reiße sie auf – und vor mir steht ein jüdischer Häftling, im Drillich mit dem Judenstern, abgehärmt, die Arme über der Brust verkrampft... Er ist zu Tode erschrocken. Er muß natürlich trotz meines Schlafrocks annehmen, daß ich ein deutscher Soldat bin. So erschrocken er ist, so betroffen bin ich. Wie soll ich ihm sagen, daß er vor mir keine Angst zu haben braucht? Und daß ich ein Jahr vorher die gleiche Sträflingskleidung getragen habe und weiß, was es heißt, der SS ausgeliefert zu sein.

Wir sind beide stumm. Wahrscheinlich hat er als Angehöriger irgendeines Trupps für Schmutzarbeiten etwas Eßbares in den Kellern erbeutet und hat nun tödliche Angst, von der Aufsicht ertappt zu werden. Ich versuche ihm zuzulächeln und halte ihm die schwere Schwingtüre auf, damit er seine armselige Beute rasch in Sicherheit bringen kann. Er schaut mich nur groß an – dann huscht er durch. Ich lasse die Schwingtüre zufallen und gehe weiter. Ich bin fest entschlossen, eine eventuell nachkommende Wache etwas aufzuhalten. Ich weiß, wie man das macht. Ich werde in höchst dienstlichem Ton fragen, ob sie vielleicht Major Hofmann gesehen habe. Der nichtexistierende Major Hofmann hat mir schon öfters gute Dienste geleistet. Die Wache wird sicher ein paar Augenblicke stehenbleiben. Beim Wort „Major" bleiben sie alle stehen. Aber ich sorge mich umsonst. Es kommt niemand. Die Wache hat einen anderen Ausgang gewählt.

Ich habe auch diese Begegnung in Kaunas nie vergessen, so wie mir Rosenberg bis heute nicht aus dem Sinn gekommen ist. Wenn ich Nestroy wäre, könnte ich sagen, ich hätte das Dritte Reich in Kaunas „zu ebener Erde und im ersten Stock" kennengelernt – den Sträflingskittel mit dem Judenstern und die Großinszenierung nationaler Überheblichkeit und pseudoheroischer Eitelkeit, den entwürdigten Menschen und den aufgeplusterten Übermenschen. Und ich habe nichts anderes tun können, als dem einen die Schrift hinzulegen und dem anderen die Schwingtüre aufzuhalten… Es ist doch zutiefst beschämend.

Auch diese Schwingtüre im Krankenhauskeller in Kaunas hat sich im Gedächtnis festgesetzt, diese hilflose Geste des Aufhaltens, damit der Gehetzte durchhuschen kann. Die Schwingtüre ist ein Symbol. Ist denn der immer wieder zuschlagende Judenhaß nicht wie die Automatik einer Schwingtüre, seit mehr als tausend Jahren? Der Holocaust hatte ja eine Vorgeschichte, die vornehmlich die Christenheit betrifft. Sie hat doch immer wieder zugeschlagen, die Schwingtüre der Pogrome und der brennenden Synagogen, der Vertreibungen und der Rechtlosigkeit. Gewiß hat sie hie und da einer aufgehalten, wie ich mit der lächerlichen Geste in Kaunas.

Da gab es einen Papst, der im Mittelalter die Ritualmordverleumdung bei Strafe der Exkommunikation verbot, hie und da einen Kaiser, einen verständigen Landesfürsten, die die Türe aufgehalten haben. Und dann sind ein paar hindurchgehuscht. Aber beim nächsten Erdbeben, der nächsten Seuche, der nächsten Hungersnot ist die Schwingtüre schon wieder zugeschlagen. Sie war in den Angeln des Vorurteils, des Aberglaubens, einer falschen Bibelauslegung und der Massenhysterie zu gut geölt. Und so hat die Automatik der Unmenschlichkeit durch die Jahrhunderte immer wieder funktioniert.

Wenn ich an Kaunas und diese Kellerszene denke, möchte ich alles tun, daß dieses verdammte Möbelstück aus der Welt – und der Kirchengeschichte verschwindet. Nach diesem Jahrhundert und seinen Schrecken dürfen wir uns nicht mehr mit ein bißchen Aufhalten begnügen, wir müssen die Schwingtüre des Vorurteils in den Kellern unserer Seele aushängen und auf den Sperrmüll der Geschichte werfen. Das bin ich dem Blick des gehetzten jüdischen Sträflings schuldig.

Denn der jüdische Philosoph Levinàs, der die Würde des menschlichen Du neu entdeckt hat, stammte doch aus Kaunas …

Zu dieser Geschichte habe ich keine Zeichnung gewagt. Da passen keine verspielten oder karikierenden Kritzeleien. Da müßte ich zeichnen können wie Goya, Käthe Kollwitz oder Kubin. Und das kann ich nicht.

Der Deserteur

Auch wenn ich in meinem Leben viereinhalb Jahre lang einen Stahlhelm tragen mußte, kann ich dem geneigten Leser versichern, daß mich keine heroischen Veteranenträume bewegen. Die Zeit war schlimm – und ich war kein Held.

Ich fühle nur eine Verpflichtung, hie und da eine kleine Erinnerung festzuhalten, weil ich eine große Sympathie für eine Sparte historischer Forschung habe: der Geschichte von unten. Wir sind ja im Geschichtsunterricht mit allem möglichen gefüttert worden: mit Regierungszeiten, Schlachtendaten, Eroberungen, Friedensschlüssen, Fürstenhochzeiten, Grenzveränderungen, Handelsströmen, Kulturwogen und den großen Spielen der Diplomatie. Natürlich weiß ich, daß das alles zur Bildung gehört – zumindest der Bodensatz davon, der am Schluß übrigbleibt.

Aber nach sieben Jahren selbsterfahrenem Elend und Wahnwitz der Weltgeschichte habe ich begonnen, mich mehr für das Schicksal der kleinen Leute zu interessieren. Mich fesselt also zum Beispiel mehr, was die Soldaten Alexanders des Großen empfunden haben, wenn sie vom Euphrat bis zum Indus nie die Wäsche wechseln konnten, als die Dynastien der Seleukiden und Ptolemäer; oder mich bewegt mehr, was aus Waisenkindern wurde, die bei einem Normannenüberfall übrigblieben, als die Erbfolge dieser Seeräubergeschlechter; oder meine Aufmerksamkeit fesselt mehr, wie man in einem Tiroler Dorf die Not bewältigt hat, wenn die Pest im 14. Jahrhundert die Hälfte der Einwohner wegraffte, als der Burgenstil jener Epoche. Mich interessiert das alles mehr – und ich habe ein gewisses Mißtrauen gegenüber der Beschränkung der Geschichtswissenschaft auf die großartigen Ereignisse, bei deren Darstellung man dann in Welt- und Kirchengeschichte über die namenlosen Leiden kleiner Leute hinweghuscht.

Darum gefällt mir jene historische Forschung, die ganz tief hinunterhört in die vergilbten Tagebücher gänzlich unbedeutender Leute, die in schlichten Briefen liest, auf denen noch Tränenspuren zu sehen sind, oder die auf Erzählungen alter Menschen hört, die gerade noch als letzte Zeugen interviewt werden können und die halt so manches anders erlebt haben, als man es in allgemeinen Darstellungen liest.

Im Sinne dieser geschichtlichen Forschungsperspektive möchte ich Sie nun auf einen winzigen Punkt der großen Karte des Zweiten Weltkriegs entführen. Ich kann Ihnen versichern, daß Sie in militärwissenschaftlichen Werken davon nichts finden werden. Es war ein Stützpunkt in Nordkarelien, in dem weiten, fast unbewohnten Land zwischen Finnland und dem Weißen Meer, genau dort, wo Elch, Wolf und Wildgans einander Gute Nacht sagen. Die Stellung hieß im Tarnnamen „Bärenhöhe" und lag ein beträchtliches Stück vor der Front. Sie wurde von dreißig Gebirgsjägern gehalten. Weil wir ziemlich isoliert und einsam waren, hatten wir Schutzhunde. Diese Hunde hatten strenggenommen eine friedenstiftende Wirkung. Sie waren auf sowjetische Uniformgerüche spezialisiert. Wenn ein russischer Spähtrupp im Gelände lag, bellten sie schon auf 150 Meter. Das ersparte den Russen das Weiterschleichen und uns das Schießen und befriedigte somit beide Teile. Denn für einen Soldaten an der Front gibt es hüben wie drüben nichts Schöneres als einen geordneten Rückzug und einen abgeblasenen Alarm.

Wegen der besagten Hunde gab es auch in unseren Reihen den erhabenen Beruf des „Hundeführers". Das Führerprinzip war eben konsequent bis zur Betreuung von Kötern durchgeführt. Einer dieser Hundeführer war der Obergefreite Josef Untermühlbacher aus der Obersteiermark – und damit steige ich ins streng historische Geschehen ein. Sein Hund hieß Karo. Der Sepp war mir ein lieber Kamerad. Das lag in seinem von allen

Wogen der Zeit völlig unberührten Wesen. Weder in seiner Sprache noch in seinem Denken, noch in seinen Lebensgrundsätzen oder seiner Gläubigkeit hat er dem Zeitgeist auch nur irgendeinen Tribut gezollt. Er verkörperte für mich ein Stück „Waldheimat" von Peter Rosegger.

Gegenüber dem, was man damals das „nationalsozialistische Gedankengut" nannte (mit diesem bombastischen Ausdruck bezeichnete man den Propagandaschmarrn, der auf uns niederprasselte), verhielt sich der Sepp so zugänglich wie die Dachsteinsüdwand.

Manchmal saßen wir auf der feindabgewandten Seite des Stützpunktes, und der Sepp schaute an den weißen Birkenstämmen vorbei über die weiten Wälder und die dazwischen blinkenden Seen bis zum blauen Horizont, der sich in der Ferne verlor, und sagte dann ganz einfach: „Sein tuat des alls mitanand a verdammter Bledsinn…"

Eines Abends kommt der Sepp in meinen winzigen Bunker mit den Telefon- und Funkverbindungen. Er war nicht gerade fassungslos – das hätte seinem Naturell widersprochen –, aber doch ein wenig besorgt.

„Du", sagt er, „i brauch die Division. Woaßt eh, den Hundsscheich da hint'n. Der Karo is weg…"

Dazu muß man wissen, daß es damals genügte, beim

Verlust eines Soldaten die Kompanie zu verständigen. Beim Verlust eines Hundes ging die Meldung an die Division. Dort gab es eine zentrale Dienststelle für Schutz- und Meldehunde. Der dort zuständige Offizier war in der Terminologie des Sepp „der Hundsscheich da hint'n".

Ich muß diese organisatorische Voraussetzung für das Folgende festhalten. Es stimmt aber auch, daß im Krieg die Beschaffung von Hunden viel schwieriger ist als die von Soldaten. Es gibt nämlich nicht viele Hunde, die so blöd sind, daß sie sich an der Front verwenden lassen.

Ich stelle also die gewünschte Verbindung her: von „Bärenhöhe" zu „Schmetterling", dem Tarnnamen der Division; oder vom Obergefreiten Untermühlbacher zum Herrn Oberleutnant von Kiesewitz; oder vom norddeutschen Junker zum obersteirischen Bergbauern; oder vom ehrgeizigen, „weltanschaulich klar ausgerichteten" Kriegsschulenabgänger zum militärisch mäßig interessierten Sohn der grünen Berge. Wenn ich die Sache musikalisch ausdrücken müßte, verhielte sich das so wie der Badenweilermarsch zum Erzherzog-Johann-Jodler. Auch sprachlich war der Abstand bemerkenswert groß. Gewisse Mißverständnisse waren vorprogrammiert. Auf der einen Seite ein knallhart-zackiges Idiom mit metallischem Kasernenhofecho, auf der anderen Seite die fast unnachahmlichen breiten Laute

und Diphthonge, wie sie zwischen Enns und Mur er-
klingen.

Ich schnappte mir sofort den zweiten Hörer des Feld-
telefons in der dumpfen Erwartung, hier Zeuge einer
militärpsychologisch hochinteressanten Debatte werden zu können. Ich wurde nicht enttäuscht, und so bin
ich in der Lage, der Nachwelt eine wörtliche Doku-
mentation dieses Gesprächs überliefern zu können.

„Schmetterling, Oberleutnant von Kiesewitz."

„Bärenhöhe, Oubergfreiter Untermühlbacher, Hundeführer…"

„Ja, wat jibt's?"

„Hear Ouberleitnant, i muaß möld'n, der Hund is
weck!"

„Wa?? Der Hund – ist – weg? Wat soll dat heißen? Sie
sind verantwortlich für den Hund, Sie Krummstiefel, Sie
trauriger…"

„Hear Ouberleitnant, i ko jo nix dafüa, wann des
Sauviech o-plattelt!"

„Wat ist mit dem Hund?"

„O-plattelt is a…"

„Also sprechen Sie jefälligst deutsch, wenn Sie eine
Meldung machen! Verstanden! Also wat ist mit dem
Hund?"

„Er is ab-ge-hau-en, Hear Ouberleitnant."

„Es ist nicht zu fassen! Ich mach Sie aufmerksam, ich stell Sie vors Kriegsjericht, dafür jarantiere ich Ihnen. *Wir* bilden hier die Hunde aus, und Sie lassen sie vorne laufen. Sie haben den Hund eben anzuhängen!"

„Hab i eh tan, Hear Ouberleitnant. Aber des Sauviech beißt mir jede Schnur duach. I hab Eahne ja eh gsagt, Sie miassn amol a Kett'n vuarschickn, weil mir des Sauviech alle Schnüa durchbeißt…"

„Dat ist mir janz ejal. Sie werden wat erleben, dat kann ich Ihnen flüstern. Ich stell Sie vors Kriegsjericht!"

„Hear Ouberleitnant, Sie miaßn jo bedenken, die Russn habn a Weibl entn, da kennt der Hund koan Bahnhof…"

„Wat? – Der Hund ist bei den Russen?"

„Ja logisch, wenns a Weibl entn habn…"

Man spürt direkt durch den Draht, wie bei Kiesewitz eine Welt zusammenbricht. Sein von ihm für Führer, Volk und Vaterland ausgebildeter Schutzhund zum Feind übergelaufen! Immer wieder stammelt er fassungslos:

„Der Hund ist bei den Russen! Ein deutscher Schutzhund ist bei den Russen…!"

Der Sepp versucht, die Sache ein bißchen zu relativieren und schlägt einen beinahe tröstlichen Ton an:

83

„Mei, Hear Ouberleitnant, Sie miaßn ja bedenkn, *der Hund is nit vereidigt!"*

Kiesewitz jault auf. Dann stößt er noch ein heiseres „Sie werden wat erleben" hervor. Dann ist die Leitung stumm. Die Verbindung ist abgebrochen.

Der Sepp haut den Hörer aufs Feldtelefon und sagt – nein, nun muß ich den historischen Wortlaut verlassen und mich allgemein ausdrücken. Der Obergefreite Untermühlbacher gibt einen Kommentar von sich, der seine persönlichen Beziehungen zum Herrn Oberleutnant Kiesewitz eindeutig und plastisch darstellt, den ich aber hier nicht wiederholen möchte, weil besagter Kommentar zwar auf karelische Stützpunkte, nicht aber in bischöfliche Editionen paßt.

Der Obergefreite Untermühlbacher kam aber nicht vors Kriegsgericht. Denn sein Karo hat sich nach zwei Tagen winselnd bei den deutschen Fahnen zurückgemeldet. Stalins Armee hatte ihm möglicherweise eine dürftige Gelegenheit zur Liebe, aber sicher keine Verpflegung geboten. Und so besann sich seine Hundeseele auf ihre patriotischen Wurzeln.

Und dann saßen wir wieder zusammen auf der feindabgewandten Seite des Stützpunkts im Heidekraut, und der Karo saß dabei. Der Sepp tätschelte sein „Sauviech", dem er als Ausgleich für die erlittenen Entbehrungen sofort eine Sonderportion verabreicht hatte, und brummte:

„Gell, Karo, was wiss'n scho de Deppen da hint'n …"

Und dann ließ er noch einmal seinen Blick an den weißen Birken vorbei über die weiten karelischen Wälder und Sümpfe schweifen, die ihm keinen Ersatz für seine grüne Steiermark boten, und meinte sozusagen als Resümee der ganzen Affäre und als Ausdruck einer tiefen Gemeinsamkeit zwischen einem Hund, der nicht fürs Soldatenleben taugte, und einem Soldaten, der ein Hundeleben führte:

„Sein tuat alls mitanand a Bledsinn, a verdammter …"

Und mit dieser treffenden Analyse der Lage des Dritten Reiches im allgemeinen und unseres Schicksals im besonderen lag der Obergefreite Untermühlbacher haushoch über dem Oberkommando der Wehrmacht, der Deutschen Reichsregierung und dem Führerhauptquartier.

Das ist also der kleine Beitrag zur „Geschichte von unten". Aber vielleicht ist es auch schon wieder ein Beitrag zur Gegenwart. Der nationalistisch-aggressive „Bledsinn" geistert ja wieder durch die Lande. Es kiesewitzt sozusagen in den Gehirnen. Das millionenfache Leid der kleinen Leute ist in der Erinnerung verblaßt. Neulich hab ich sie doch tatsächlich im Fernsehen wiedergesehen: markige Gestalten in der Pose von einst, mit vorgerecktem Kinn, dem starren Blick in die Ferne, die eine Hand ums Koppelschloß gekrampft, die andere erhoben – und irgendwo im Hintergrund ein brennendes Asylantenheim… Da ist er mir wieder in den Sinn gekommen, der Obergefreite Untermühlbacher mit seinem vierbeinigen Deserteur und seinem gesunden Hausverstand. Und mir war's, als hörte ich ihn sagen: „Is a schon wieda da, der Bledsinn, der verdammte…?"

Das Lateinbuch

Sie müssen sich das einmal vorstellen: Der Krieg ist zu Ende. Es ist alles vorbei. Vorbei die endlosen Märsche in die winterliche Polarnacht hinein und aus der Polarnacht heraus, vorbei die eiskalten Nächte in den Zelten, die Schneestürme, die Gefahr. Vorbei das ewige Wacheschieben und Hineinlauern in die Dunkelheit, die endlosen Langlaufspuren im Nordlicht. Vorbei das Elend der Verwundeten und das unaufhörliche Sterben rundherum. Vorbei der ideologische Wahnsinn, der das alles gebracht hat, die Macht der Gestapo und das Grauen der Lager. Der Mai zieht durch den Trondheim-Fjord, und wir gehen am blaugrünen Wasser spazieren, haben genug zu essen und lassen uns von der Frühlingssonne bescheinen. Am Tag der Kapitulation war ein U-Boot-Verpflegslager in der Nähe. Wir haben uns eingedeckt mit Herrlichkeiten, von denen wir nicht einmal zu träumen wagten. Die Engländer, die kaum sichtbar sind, behandeln uns mit größter Zuvorkommenheit. Ich bin ein Gefangener und habe mich seit Jahren nicht so frei gefühlt wie jetzt. Die Baracken mit den dreistöckigen Betten übereinander sind gegenüber dem, was wir bisher erlebt haben, ein Vier-Sterne-Hotel. Die Flugzeuge, die über den Fjord dahinziehen, haben keine Bombenlast mehr, und niemand schreit: Volle Deckung! Der einzige Wermutstropfen ist der Gedanke an die Heimat, von der wir nichts wissen und die in Not und Elend versinkt... Aber trotzdem – rundherum singt für mich alles: die weißen Birken mit dem hellen Grün und der Fjord samt den blauen Bergen im Hintergrund, der Duft, der von der Lagerküche herüberzieht, und die so lange vermißte warme Sonne – alles singt: Das Leben beginnt!

Ich sitze auf einem Bretterstapel neben den Baracken, die für zwei- bis dreitausend Soldaten Platz bieten, und laß mich von diesen Gefühlen des Davongekommenseins und des Neuanfangendürfens überwältigen.

Da kommen meine zwei besten Freunde und setzen sich neben mich. In der letzten Schlacht sind wir drei beim Rest unseres Zuges gewesen. Und wir haben so viel miteinander erlebt und Ängste ausgestanden, daß wir diese Gemeinsamkeit nie mehr mit vielen Worten beschwören müssen. Aber jetzt haben die beiden doch etwas auf dem Herzen. Der eine war ein Tischler aus Schwaben und der andere ein Gärtner aus Kärnten. Und so rücken sie mit ihrem Plan heraus.

„Du", sagt der Gärtner, „jetzt sind wir für diese Idiotie fünf Jahre lang durch Blut und Dreck gegangen – für nichts und wieder nichts. Jetzt möchten wir noch etwas

Vernünftiges tun. Wir wollen Priester werden. Bring uns Latein bei. Du bist ja Theologiestudent!"

Ich habe später im Leben viele Gespräche über geistliche Berufungen geführt, lange und umständliche Gespräche, die immer komplizierter und diffiziler wurden bis zum heutigen Tag. Dieses Gespräch war das einfachste von allen. Nach den vergangenen fünf Jahren mußte man keine Fragen nach der Echtheit des Wunsches stellen, nach der rechten Gesinnung und dem im Leben bewährten Glauben. Darüber haben die gemeinsamen fünf Jahre mehr gesagt, als fünf Fachgutachten je aussagen können.

Ich gestehe, daß ich bewegt war. Ich hatte meinen Berufswunsch durch die ganze Zeit hindurch getragen – ich weiß selbst nicht, warum das ganze Chaos rundherum diese Absicht nie in Frage stellen konnte. Es war halt so. Wahrscheinlich muß jemand gebetet haben. Aber ich hätte nie erwartet, daß dieses Berufsziel „Priester" bei anderen neben mir aufkommen könnte. Mit derartigen Zielen wußte man sich im Dritten Reich doch sehr isoliert – als offizieller „Blindgänger der Nation", wie man uns nannte.

Ich habe natürlich in der ersten freudigen Überraschung sofort zugesagt. Dann stiegen aber doch einige Bedenken auf. Die ersten Schwierigkeiten waren technischer Natur:

„Ihr müßt jetzt Briefpapier zusammenbetteln. Heimschreiben können wir sowieso nicht. Ein paar Bogen hab ich. Aber für die ganze Formenlehre und die Grammatik und eine Vokabelsammlung brauchen wir Papier, auch wenn wir ganz klein schreiben werden …“

Und dann wurde mir erst das inhaltliche Problem bewußt. Seit meiner Matura waren sechs Jahre vergangen. Das damalige Wissen war tief unter Granattrichtern, Schützenlöchern und der einzigen Sorge ums Überleben begraben. Die für die Wissenschaft reservierten Gehirnpartien mußten doch verkümmert sein. Werde ich das alles auswendig schaffen? Vielleicht geht's. Wir hatten noch eine Schule hinter uns, in der Auswendigkönnen in harten Formen eingeübt worden war. Aber – es wird schwierig werden.

Ich gehe in die Baracke zurück und setze mich an den wackeligen Tisch und versuche, die Konjugationen und Deklinationen aus dem Gedächtnis heraufzubeschwören, und fühle, wie da auch dunkle Räume des Vergessens aufsteigen. Ein wenig verzweifelt starre ich nach oben, zu den Dachbalken der Baracke.

Und plötzlich sehe ich es. Auf einem Balken droben liegt ein etwas verstaubtes Buch. Bücher gehören nicht zur Ausrüstung einer Kampftruppe. Im ganzen Lager gibt es kein Buch. Seit Jahren haben wir keines gesehen, wenn ich von meiner winzigen Feldbibel absehe.

Wer alles im Rucksack tragen muß, kann sich nicht mit Büchern beschweren. Und wo hätte es schon Zeit und Licht im nordischen Winterdunkel gegeben, damit man überhaupt zum Lesen gekommen wäre? Aber ein Buch ist Papier. Vielleicht sind einige leere oder nur einseitig bedruckte Seiten dabei, die wir verwenden können. Ich steige also hinauf und hol mir das Buch herunter, schlage es auf – und vor mir liegt:

„Lehrgang für die Reifeprüfung aus Latein"!

Ich bin sprachlos. Ein Lateinbuch – das paßt zu einer Kampfeinheit etwa so wie eine Flasche Eau de Cologne oder ein Eßgeschirr aus Meißner Porzellan. Es ist unglaublich. Ich bin überzeugt, daß auf den mehr als tausend Kilometern von Trondheim bis Tromsö kein Lateinbuch herumliegt. Und dieses eine, das irgend jemand im Lager Verdal abgelegt hat, wartet in all den vielen Gefangenenlagern, den unzähligen Baracken, den vielen Winkeln und Balken ausgerechnet da droben auf mich, während draußen auf dem Bretterstapel meine Freunde hocken und ich hier herinnen sitze und verzweifelt nach den Resten klassischer Bildung in meinem Gedächtnis krame!

Ich habe es nie gewagt, diese Geschichte in einer Predigt zu verwenden. Ich mußte immer fürchten, als Schwindler zu gelten. Es riecht doch zu sehr nach einer erbaulichen Erzählung in einem frommen Blättchen.

Aber es ist eben einfach so gewesen. Wir haben sofort zu lernen begonnen und Latein mit Hochdruck betrieben. Der Gärtner aus Kärnten konnte zu Hause gleich in den fünften Kurs Gymnasium eintreten. Er ist ein guter, treuer Seelsorger geworden. Zu meiner Bischofsweihe ist er gekommen. Wenige Wochen vor dieser Niederschrift bin ich an seinem Grab gestanden. Der andere wurde Missionar in Ostafrika. Auch ihn habe ich noch einmal sehen dürfen, bevor er in seinem geliebten Afrika in die Ewigkeit gegangen ist. Das Wiedersehen mit den beiden war eine wunderbare Stunde. Es war nicht sehr wortreich. Es gibt Formen des Verstehens, die keine langen Reden benötigen. Da gehen die Erinnerungen und Gemeinsamkeiten hinüber und herüber – ein kleines Stichwort genügt. Eines dieser Stichwörter war das Lateinbuch in Baracke 11 im Lager Verdal im Trondheim-Fjord.

Rationalistisch und aufgeklärt denkende Leute können natürlich von einem typischen Zufall sprechen, einer Laune des Schicksals, einer Portion Glück oder von „Schwein gehabt".

Sie haben in gewisser Weise recht. Die zerfranste Schwarte auf dem Barackenbalken, die irgendwer beim Einpacken vergessen hat, hat kein Naturgesetz aufgehoben: Also war's kein Wunder in dem Sinn, in dem viele „Wunder" verstehen.

Aber für uns war es doch viel mehr. Es war ein „Zeichen", ein wohlwollender Scherz des Himmels, ein Volltreffer der Vorsehung. Mit diesem Zeichen haben wir eine Stimme vernommen, die noch deutlicher war als der Frühling, der Friede und die Freiheit rund um uns und die uns zugeflüstert hat: „Habt Vertrauen, das Leben beginnt!"

Und darum bin ich in Stunden des Zweifels später oft mit meinen Gedanken zu dem Lateinbuch zurückgewandert. Wahrscheinlich gibt es nicht viele Lateinbücher mit spiritueller Ausstrahlung. Gymnasiasten werden das bestätigen. Hier ist es eben anders. Hinter diesem Lateinbuch stand mehr als eine Konjugation: amo, amas, amat… ich liebe, du liebst, er liebt… Da ist eine Liebe aufgeblüht im Ich und im Du, in uns drei Musketieren und vor allem die frohe Gewißheit des „amat" – *Er liebt.*

Der Allwetterchrist

Eine Trostpredigt, gehalten für andere und mich selbst

Hinsichtlich der Frisur ist die Frage der klimatischen Belastungen gelöst. Es gibt Schönheitsmittel, die es erlauben, an tropischen Stränden, in arktischen Meeren und im Dauerregen unbekümmert die Locken zu schütteln, so man welche hat.

Aber mit dem Glauben ist das nicht so einfach. Er lebt und leidet mit dem wechselnden Klima einer Weltkirche, die nun einmal seit jener Nacht, in der der Fallwind vom Hermon her den See Genesareth aufwühlte und den Ruderern im Boote allen Mut nahm, nicht nur durch blaue Meere und milde Passate fährt.

Im Wetterbericht einer Weltkirche gibt es auch Hochs und Tiefs, Kalt- und Warmfronten, die aufeinanderprallen und sich ineinanderschieben – und das löst Wetterstürze aus, Niederschläge mit Schnee bis in die Tallagen, mit anschließender Lawinengefahr und drohendem Hochwasser. Sicher ist seinerzeit am Ostermorgen über diesem ganzen atmosphärischen Kuddelmuddel eine nie verlöschende Sonne aufgegangen. Sie hat auch nie aufgehört zu strahlen, aber das heißt nicht, daß sie ungebrochen und ungestört für jeden glänzt. Der Herr hat uns und seiner Kirche keineswegs eine durchgehende Schönwetterperiode bis zum Jüngsten Tag versprochen.

Ich kann mich erinnern, daß das Konzil als Hoch empfunden wurde. Wenn man mit Bischöfen gesprochen hat, die die bewegenden Jahre in der Aula von St. Peter erlebt haben, dann war das immer so, als träfe man einen Bergsteiger, der von einer Gipfelstunde schwärmt. Da hatte man das Gefühl eines Aufrisses, der die Wolken ausgeräumt und große Fernsicht geboten hat.

Die kirchliche Wetterlage hat sich etwas verändert. Da gab es kreisende Wirbel von Extremen, die Ängste ausgelöst haben, wirkliche und eingebildete Ängste um Verlust von Glaubenssubstanz und Tradition, Identitätsverlust des Katholischen und Gefährdung der Autorität. Es haben sich Haufenwolken des Mißtrauens gebildet. Manchmal sind Platzregen der Indoktrination niedergegangen, die die Herzen nicht erreicht und nicht überzeugt haben. Es gab Warm- und Kaltfronten einer offenen und sich verschließenden Kirche, hie und da haben sich Gewitterfronten aufgetürmt, und manchmal hat's geblitzt. Lokale Aufhellungen und Föhneinbrüche des Heiligen Geistes können über die instabile Wetterlage in der Kirche nicht hinwegtäuschen.

Was ist also zu tun?

Wie soll man sich als Christ verhalten?

Wenn ich aus meinem Fenster hinausschaue, sehe ich gerade, wie über die Nordkette die Schneewolken herunterkommen. Die Gipfel sind eingehüllt. Werd ich zu Hause sitzen, keinen Schritt vor die Tür tun und für einen überhöhten Blutdruck sorgen? Ich werde trotzdem für ein paar Stunden da hinauf in die Wälder gehen.

Aber ich
zieh mir einen wärmeren Pullover an,
hole festere Schuhe heraus
und nehme einen Regenschutz mit.

Und diese Empfehlung möchte ich an alle weitergeben, die mit dem Kirchenklima nicht zurechtkommen. Es ist ungesund, wegen schlechter Wetterlage im Kämmerlein privater Frömmigkeit zu bleiben und den Gang ins Freie nicht mehr zu wagen.

Zunächst: der wärmere Pullover.

Ich meine damit, daß eine derartige Situation eine *Wende zur Liebe* verlangt. Damit bleibt man sozusagen auf der unvergänglichen Ebene christlichen Lebens. Das ist immer richtig und muß nie widerrufen werden. In den schlimmsten Zeiten kirchlichen Verfalls, im 15. und 16. Jahrhundert, ist vieles im Argen gelegen. Aber auch bei den schwersten Mißständen der Hierarchie bis hinauf zum verweltlichten Papsttum hat man sich unten um Arme und Behinderte, Heimatlose und Waisenkinder bemüht, Medizinen für die Kranken gebraut und Spitäler und Altersheime eingerichtet. Das waren die wärmenden Pullover des Christseins – und die sie angezogen haben, haben die Zeiten überstanden. Konfessionelle Landsknechtsheere sind verschwunden, geistliche Fürstentümer wurden abgeschafft, die Streitgespräche der Religionsparteien vegetieren höchstens noch in irgendwelchen Archiven. Die Liebe bleibt. Und während Bischöfe Paläste und Lustschlösser bauten, schaute Ignatius in der Höhle von Manresa die Geheimnisse der Erlösung, wurde Nikolaus von der Flüe in seiner Einsiedelei vom dreifaltigen Wirbel der ewigen Liebe erfaßt…

Es gibt sie auch heute, die wärmenden Pullover. Ich sehe viele mit den verschiedensten Mustern und Farben in den Auslagen der Epoche. Man müßte sich nur das Passende suchen. Die Auswahl ist groß. Und die Nächstenliebe ist heute so erfinderisch wie eh und je.

Die Aktivitäten einer Mutter Teresa, die Sorge um Straßenkinder in den Elendsvierteln der Welt, die Nachbarschaftshilfe, die Hungeraktion und das Engagement für Behinderte bleibt nach dem Gesetz „Am größten aber ist die Liebe" genauso krisenfest wie die Aufbrüche echter religiöser Tiefe und die Gebete der Wallfahrer. Der wärmende Pullover der Liebe hat alle Wetterunbill der Kirchengeschichte überstanden und ist immer farbecht geblieben.

Das Zweite sind die festeren Schuhe.

Wenn ich meine Bergschuhe anhabe, ist mir der Zustand des Weges doch ziemlich egal. Er kann naß, schmutzig, rutschig oder steil sein. Und wenn ich mir dazu noch die Steigeisen anschnalle, gehe ich über Blankeis mit den Händen im Hosensack.

Mit den festeren Schuhen für Krisenzeiten in der Kirche meine ich eine *tiefere Bildung*. Man muß ein klareres Urteil gewinnen. Schon Jesus hat seine Gegner darauf gedrängt, besser zu unterscheiden zwischen Wesentlichem und Unwesentlichem, Göttlichem und Menschlichem, Bleibendem und Veränderbarem.

Wir brauchen in stürmischen und verwirrten Zeiten Bildungsbergschuhe aus dem Kernleder des Gotteswortes, der Profilsohle des bewußten und vertrauenden Glaubens und den festen Schnürsenkeln des Hausverstandes. Und es muß ein Schuhwerk sein, das *mir* und *meiner* Situation angepaßt ist, ob ich nun ein Pfarrgemeinderat, eine Religionslehrerin, eine Frau und Mutter oder ein Bischof bin. Der Theologiestudent, der auch schwierigere Probleme angehen muß, braucht eben die Kletterschuhe der Wissenschaft. Es gibt viele gute Schuhfirmen in der Kirche, will sagen Bildungseinrichtungen – und man soll sie benützen. Mit den glitzernden Ballschuhen exaltierter Frömmigkeit kann man nicht durch Regenzonen wandern. Und mit den Schlafpantoffeln der Indolenz und Gleichgültigkeit wird man nicht durch die Schneeverwehungen des Zeitgeistes stapfen…

Bleibt noch der Regenschutz.

Wenn es ganz arg wird, muß man ihn umhängen oder den Schirm aufspannen. Was ist damit gemeint? Damit möchte ich eine Haltung bezeichnen, die ziemlich schwierig ist und auch falsch verstanden werden kann. Es geht hier keineswegs um eine Empfehlung zur Passivität oder einer Aufgabe von Mitverantwortung oder dem Schweigen zu allem und jedem. Aber ganz in der Tiefe, im letzten Hintergrund aller Enttäuschungen und aller Erfolge brauchen wir einfach eine christliche Gelassenheit, ein Stück vom langen Atem der *Geduld.* In unserer hektischen Epoche verlegt man diesen Regenschirm leicht. Wir drehen bald einmal durch, wir schmeißen rasch einmal hin, wir können's nicht erwarten, wir haben keine Zeit. Der Regenschirm der Geduld hat viele Schlechtwetterperioden überdauert. Und immer wieder kommt eine Situation, in der man ihn aufspannen muß oder wieder schließen kann. Jesus hat den Regenschirm zwar nicht gekannt, aber von der

Geduld hat er sehr wohl gesprochen. Zum Beispiel zu den Übereifrigen, die unbedingt alles Unkraut ausreißen wollten und dabei das Weizenfeld zertrampelt hätten: „Seid mit den disziplinären Maßnahmen, mit dem Ausgrenzen und Ausschließen und dem schnellen Verurteilen vorsichtig! Ihr zerstört damit nur die guten Ansätze in den Menschen …"

Apropos Regenschirm! Der Regenschirm der Geduld muß nicht unbedingt schwarz und dezent sein. Er kann auch frische Farben haben. Damit möchte ich zum Ausdruck bringen, daß die christliche Geduld durchaus mit Humor verbunden sein kann. Die Humorlosigkeit ist nämlich das Vereinsabzeichen der Fanatiker aller Richtungen in unserer Zeit.

Das wären die drei Empfehlungen für den Allwetterchristen: wärmerer Pullover, festere Schuhe und Regenschutz. Neulich bin ich bei einem ausgesprochenen Sauwetter über Österreich geflogen. Über 6000 Meter war strahlende Sonne über der Wolkenwaschküche. Das dürfen wir auch nicht vergessen: Daß über aller klimatischen Unbill die Sonne des Auferstandenen leuchtet, der „sol invictus", die unbesiegte Sonne. Einmal wird die Stunde kommen, in der wir alle drei Dinge nicht mehr brauchen: den Pullover, die Bergschuhe und den Regenschutz.

Inhalt

7   Eine Spukgeschichte

14   Der Stecken

26   Spinat und Brezel

33   Leidensgeschichte nach Lukas

39   Jesus und die Frisöre

44   Begegnung im Hofgarten

50   Meine liebste Krippenfigur

58   Bischof und Privatsekretärin

67   Die Schwingtüre

76   Der Deserteur

87   Das Lateinbuch

95   Der Allwetterchrist